U0092665

心一堂彭措佛緣叢書・堪布土丹尼瑪仁波切文集

抉擇正道

堪布土丹尼瑪仁波切 著

書名：抉擇正道
系列：心一堂彭措佛緣叢書‧堪布土丹尼瑪仁波切文集
堪布土丹尼瑪仁波切　著
責任編輯：陳劍聰

出版：　心一堂有限公司
地址/門市：香港九龍旺角西洋菜南街5號好望角大廈10樓1003室
電話號碼：(852) 6715-0840
網址：www.sunyata.cc　publish.sunyata.cc
電郵：sunyatabook@gmail.com
心一堂 彭措佛緣叢書論壇：http://bbs.sunyata.cc
心一堂 彭措佛緣閣：　　　http://buddhism.sunyata.cc
網上書店：　　　　　　　http://book.sunyata.cc

香港及海外發行：香港聯合書刊物流有限公司
香港新界大埔汀麗路36號中華商務印刷大廈3樓
電話號碼：(852)2150-2100
傳真號碼：(852)2407-3062
電郵：info@suplogistics.com.hk

台灣發行：秀威資訊科技股份有限公司
地址：台灣台北市內湖區瑞光路七十六卷六十五號一樓
電話號碼：+886-2-2796-3638
傳真號碼：+886-2-2796-1377
網絡書店：www.bodbooks.com.tw
心一堂台灣國家書店讀者服務中心:
地址：台灣台北市中山區二〇九號1樓
電話號碼：+886-2-2518-0207
傳真號碼：+886-2-2518-0778
網址：www.govbooks.com.tw

中國大陸發行 零售：心一堂 彭措佛緣閣
深圳流通處：中國深圳羅湖立新路六號東門博雅負一層零零八號
電話號碼：　(86)0755-82224934
北京流通處：中國北京東城區雍和宮大街四十號
心一堂官方淘寶流通處：http://sunyatacc.taobao.com/

版次：二零一六年八月初版

平裝

　　　　港幣　　一佰零八元正
定價　　新台幣　四佰五十元正

國際書號　978-988-8317-24-0

版權所有　翻印必究

目錄 Contents

序 /1

當智慧了悟心靈的本性後，我們的心靈無論如何再也不會受到任何干擾，會獲得絕對清淨，心靈因為喜悅而自在。此時心靈的清淨反射到外在的物質世界，物質世界也會有大反轉，原來讓你悲傷、憤怒、困惑的一切都蕩然無存，都不再是原來的模樣，一切都變得美好！

目錄 Contents

　　造就自我的幸福生活必須要從兩個方面思考：如何造就身體的快樂和如何造就精神的快樂？一切都依賴於因緣和合，而不會無緣無故地發生結果。

抉擇正道

目錄 Contents

　　因果定律是非常精確的。雖然一個"因"種下去，到"果"的成熟，同植物一樣，必須經過一段的時間，而且要有適當的"緣"去完成。但"因"從來不會半途而廢，而"果"也從來不會僥倖可得。善惡到頭終有報，只是時間的長短而已。

目錄 Contents

佛經講：身體如同客棧，心靈如同遊客，不斷地在更換客棧。能否入住更好的客棧，完全由個人的業力決定。業力是有意識的思想和其支配下的言行。

抉擇正道

目錄 Contents

在我們佛教徒看來，佛教就是佛教！它是讓我們離苦得樂的一種方法；它告訴我們眾生平等，自己未來的幸福和解脫完全要靠自己努力；每個人要隨時檢點自己的身心，只有自己才能為自己的身、語、意的狀態負責，任何人都幫不上忙。

目錄 Contents

　　對修行人而言，痛苦是菩提道的助力和
功德的源泉。……對生命的貢獻，痛苦的確
大於快樂。

抉擇正道

目錄 Contents

"皈"即是回歸，迷途知返的意思；"依"是依靠、依止。眾生知迷求覺，以佛、法、僧三寶為依怙，叫做"皈依"。皈依好比被狗追趕的小孩，投奔母親的懷抱中求得庇護一般。

目錄 Contents

　　如果現在能夠為利益一切眾生而聞法修
法，不但自利可以成辦，以後也必將成就佛果，
就好比為了生火而點柴，火點燃後雖然不求
煙，但煙也會自然產生。

目錄 Contents

心靈的成長需要過程，不可能一步登天。只要是有過程的，都需要從零開始，一點一點積累，慢慢增長，最終有一天才會圓滿。

目錄 Contents

通常我們會說"看破"、"放下"，可真正而言，佛經並沒有要求我們看破，而是要我們看透、看准。我們沒必要說人世間很糟糕，也沒必要說它很好，看透、看準即可。

序

　　人的生命是有一定規律的。佛教認為世俗中的生命是有輪迴的，有自然的因果關係。這種關係不是造物主刻意安排的，是因緣和合產生結果的規律。善有善報，惡有惡報。如果你不相信因果，不尊重因果，就會導致惡果，好比吃錯藥與其結果的發生一樣；如果你尊重因果，其結果自然是美好的，這就是因果的規則。

　　所以，欲求幸福和快樂，必須斷惡從善。在這個基礎上想獲得究竟的快樂，要尋求解脫之道。首先依止善知識，聽聞"無我"正法，精進修行，逐漸提升生命的質量，最終獲得圓滿的結果。

　　希望大家能從此書中瞭解一些從"我執"走向"無我"的方法，不但能得到眼前福報，也能獲得長久利益！

　　祝福大家！

土丹尼瑪堪布

2014 年 12 月

抉擇正道

當智慧了悟心靈的本性後，我們的心靈無論如何再也不會受到任何干擾，會獲得絕對清淨，心靈因為喜悅而自在。此時心靈的清淨反射到外在的物質世界，物質世界也會有大反轉，原來讓你悲傷、憤怒、困惑的一切都蕩然無存，都不再是原來的模樣，一切都變得美好！

抉擇正道

一

快樂要素：追求物質與照顧心靈兼具

追求快樂是人性的本能，世上人們大抵如此。

每個人都在努力爭取，儘量獲得最大程度的幸福和快樂。然而，大多數人把快樂建立在追求物質充裕上，希望用豐富的物質來滿足自己的感官。追求純物質的享受，其實是非常危險的。這種追求會導致一些人失去自我控制，甚至精神崩潰。

我並不是說我們要忽視外在的物質世界。正如月稱菩薩所言：大多數人類的快樂一定程度上是依賴於物質的享受。佛陀也教導我們要慷慨佈施，以佈施的因獲得物質富裕的果。人類自古以來就認識這個道理，從原始走向文明，再到今天的科技時代，人們在不斷地創造更多更好的物質來為自身的感官服務。可是，人們卻從未獲得過真正的滿足和絕對的快樂。

人類的欲望對外境從來都是不知足的，這就像口渴喝鹽水——越喝越渴。

最為矛盾的是人們所追求的物質，究竟不是能夠滿足

抉擇正道

的東西！比如說：當你是孩童時，愛吃糖果或者冰淇淋之類的食品，並且認為如果長大以後可以擁有很多糖果和冰淇淋，到那時該多幸福啊！可是當你長大，並且可以擁有很多糖果和冰淇淋時，你會發現你對這些物質的熱愛已經不復存在，也失去佔有它們的欲望。同樣，你曾經對某一個人有好感，或者愛慕某人，日夜思念著他，渴望可以獨佔他。可是到了有一天可以完全擁有他的時候，以前對他的那種熱愛卻慢慢消失了。原來無比吸引你的人，此刻也許已經讓你感到非常厭煩。於是你覺得這個人不再使你快樂，所以決定尋找下一個。就這樣找了一個又一個，然而結果都是一樣的——沒有一個人可以讓你永遠地傾心愛慕，使你獲得永遠的快樂。平日我們買車子、買房子等所有生活所需物品時，都是從最初很興奮地去擁有，到最終毫無感覺。所以，豐富的物質也不可能給你帶來長久的快樂！

當我說這番話的時候，也許有人覺得：我的生活過得非常完美，根本就不需要再補充什麼！但這是真實的情況嗎？你們試試捫心自問，你會發現你的生活是否還有許多不為人知的不滿足？如果有，這是個可怕的問題。因為，最終毀滅你的最大敵人，就是這種隱藏的不滿足。這種不滿足的心是無法用物質的東西徹底填補的。

一個人要活得快樂，除了擁有物質外，更需要有一個良好的環境和健康的心態。

我們每天都勤奮工作，為了創造更多更好的物質條件而忙碌。我們很少有時間和習慣去照顧好我們的精神或者心靈，久而久之就會出現很多問題。如果我們花費跟創造物質條件同等的精力或者至少週期性地去照顧自己的心靈，那麼你在享用物質充裕所帶來的快樂的同時，也會獲得心靈的寧靜和喜悅。因此，我想和大家探討一下如何依照傳統佛教的方式照料心靈的健康。

心靈疾病之因：看不清真實心

　　每個人的身體與心靈的性質是完全不同的，性質不同的原因是它們的成因不同。

　　我們的身體來自父母的遺傳基因。但我們心靈的成因卻不是來自父母，我們的心靈成因是傳承和它同一個性質的心靈而來的。我們每個人投胎的第一個心靈是前世的心靈的延續。假如你知道心靈只有來自心靈，那麼你會發現心靈與身體的不同出生，心靈從很久很久之前就不斷地在不同的身體之間輪迴，而當我們死亡時，這個心靈還是會繼續延續存在的，肉體的結束不會障礙它的延續。所以我們感覺寧靜、喜悅、滿足或者悲傷、憤怒、欲望等這些情緒的主因，不是外在的物質，外在的物質只能起到一個輔助或者導線的作用，激發種種情緒的主因是來自我們看不見的精神世界。這種精神世界在佛教的經典中稱為"識"。佛教把"識"分為"六識"或者"八識"，對它們與外在的物質間的關係，以及它們是如何被污染的，乃至我們要如何去做才能回歸清淨，都有系統的論述。通俗來說，這個心靈就是我們的情感、意識或意志等精神系統。

這裡所謂的心靈問題，不光是一些心理學家所詮釋得那麼單一。假設某些人的情緒很明顯地受到干擾，心理學家會用各種理論和方法來詮釋，但這類詮釋從佛教的智慧來看太過狹隘了。我在這裡所描述的心靈問題或者疾病，是人們沒能看清自己的"真實心"。從根本而言，情緒的擾亂不算大的問題，真正的大問題就是看不清真實的心。因為看不清真實的心，才會源源不斷地製造煩惱和痛苦。

人類為什麼不能看清自己真實的心呢？因為人類太過度地專注周圍所發生的事物，特別是極度地迷戀器官的感受：眼、耳、鼻、舌、身貪戀美色、榮譽、美味、舒服等等，從來未懷疑過這些外物的真實性有多少，想當然地就是為了滿足這些感官而勞累。人們從未自問過為何自己會是這麼一個極度沒有自由的奴隸，是一個如此貪得無厭的感官奴僕，因而沒有興趣和時間去觀察自己的內心世界，這就是人類不能看清自己的真實心的原因。

要保養好自己的心靈世界，要認識這樣三點：一是要認識心靈存在的狀態；二是獲得暫時性解決心靈問題的方法；三是找到究竟性解決心靈問題的方法。

認識心靈存在的狀態

　　人類心靈的狀態或者心靈的本質是如何存在的呢？我們的心靈世界以兩種層面存在——顯現的層面和本質的層面。所謂顯現的層面是指感官所運作的心靈，這種感官所運作的心靈是二元對立的心。佛教的術語中分別稱為"能取、所取"的心，因為它喜歡區分"客體"與"主體"，並將二者對立。只要有了這些"這個"、"那個"、"你"、"我"的區別，就會有期望和失望，接踵而來的是一些不清淨、不寧靜、不喜悅、不自由的心靈。而心靈本質的層面卻是遠離二元對立的、清淨的，絕對寧靜、喜悅而自由的。能夠回歸到這個本質的心靈，便完全可以獲得解脫。

反觀自照：暫時解決心靈問題

　　暫時性保養心靈健康的方法，是如何解決好已經浮現出的不良情緒的辦法。這些情緒在佛教的經典裡叫煩惱。煩惱主要是指貪婪、嗔恨、愚癡、嫉妒和傲慢等。解決這些問題或者疾病時，我們所用的方法和一些西方的心理學家所用的方法是完全不一樣的。比方說消除憤怒，西方心理學認為，當情緒膨脹到一定程度時發洩出去，就可以擺脫憤怒的情緒，只要宣洩，憤怒就會消失。佛教不認同這種做法，因為這種做法從表面上看來是因為發洩而消失了，但事實上，這麼做就是播下了再次產生更強大憤怒的種子，長遠來看這是一種反效果。但這並不是說當情緒出現時不要發洩，而要壓抑、強忍，因為這樣也會最終爆發。

　　佛教的方法非常究竟。佛教鼓勵人們時時反觀自照，高度謹慎地注意自己的心靈狀況，並且要認識憤怒如何產生及憤怒的原因。當這樣去追溯它的根本因素時，會發現原來憤怒的主要因素不在於外物上，真正的原因來自於自己的心靈扭曲。深刻認識這個道理，憤怒情緒就會自然煙

抉擇正道

消雲散。

請大家認真冥想一下，我們的憤怒通常是否由特別依戀一些外在的物質和人而產生？當某人碰觸你所熱戀的東西時，你是否會變得極度焦躁？如果是，那麼可以證明貪婪是情緒憤怒的根源。下面我們再嘗試一下如何解決情緒貪婪的問題。在傳統的佛教經典裡，針對不同對象的貪婪有不同的對治方法，在此我暫時不談。這裡我想用我自己覺得簡單而有用的辦法。當你對某一物或者對某人狂戀得好像要發瘋的時候，不妨試一試這個辦法，回顧一下你過去的經驗，是否曾經也有過類似的狂戀：是否你曾經特別貪愛糖果、冰淇淋？是否你曾經特別貪愛某種衣冠？是否你曾經特別熱戀某人？後來你得到了，但你因得到這些而有過絕對的快樂嗎？你可從中得到真正的滿足嗎？以同樣的道理去推敲今天你所狂戀的這些人和物，他日如果你如願以償地得到，也同樣不能讓你絕對快樂，也不能真正地滿足你。所以，你根本就不需要因為何物或者何人如此地焦躁、如此地狂戀發瘋。

再進一步嘗試觀察我們的心靈，再次認真地回問一下：

在我們的生活經歷中，是否來自於不滿足的痛苦折磨的次數最多、時間最長？我想應該是這樣。但這痛苦絕對不光是因缺乏物質或未曾滿足造成的，而是不滿足心態固化為陋習，進而成為一切情緒和苦惱的根源。所以我們要培養經常性檢查自己心靈的習慣，常常要拷問自己活著的意義，要深入探索生活的目的是為了什麼：為了擁有很多財富？為了成名？為了被人喜愛？如果你願意這樣認真地透過內心完整觀察，對生活就會有深刻的感悟，漸漸地，你再也不會為了生活中一些區區小事而情緒失控，生活中的一些困惑和悲傷也會銷聲匿跡，這時候你便可以在繁雜的環境中寧靜而快樂地生活。

抉擇正道

心靈問題大反轉

　　要究竟性解決心靈問題，就務必要認清自己的心靈的本質，也就是前面所提到的超越二元對立的心靈。這是一項比較複雜的工程，通常要長時間下工夫才能覺悟。

　　要嘗試認清本心的方法基本歸為兩種：第一種方法是觀察心所執著的對境，了悟外境的存在是虛幻而無自性的，從而自然覺悟心靈的本性。第二種方法是通過有經驗的心靈導師的指引或者某些宗教的禪修，頓時覺悟到心靈的本性。

　　當了悟心靈的本性後，我們的心靈再也不會受到任何干擾，會獲得絕對清淨，心靈會因為喜悅而自在。此時，心靈的清淨反射到外在的物質世界，物質世界也會有大反轉，原來讓你悲傷、憤怒、困惑的一切都蕩然無存，都不再是原來的模樣，一切都變得美好！

　　這些是我所知道的一些佛教解決心靈問題的方式，希望大家不要認為這些是追求宗教的人才需要的知識。我們可以不信任何宗教，但我們無法不信自己的心靈。在我們的周圍有許許多多犯罪的、自殺的、發瘋的人們，這些都是因為心靈不健康而發生的。所以，我們別讓自己的心靈變得像一隻發狂的大象，失去控制而損人害己。

我認為這是非常究竟而有效地解決心靈問題的辦法，希望我所提供的方法能為大家解決一些問題。並且祝願大家的人生道路健康長壽、幸福快樂！

我是一個佛教徒，我堅信佛菩薩的無限願力。所以，這裡再次祈禱諸佛菩薩加持每一位同學！

2004 年於深圳

造就自我的幸福生活必須要從兩個方面思考：如何造就身體的快樂和如何造就精神的快樂？一切都依賴於因緣和合，而不會無緣無故地發生結果。

抉擇正道

二

快樂和幸福的概念

我想站在平常人的角度，跟大家交流"如何造就更幸福的生活"。

有人說快樂是感官的覺受，是消費性的，而且是短暫的；幸福是生活所沉澱的心靈安樂，是較長久的。還有人說無論快樂還是幸福都是抽象而沒有實際的，完全由個人的心態決定。也有人說快樂是欲望的滿足。如果快樂是欲望的滿足，快樂本身就是不快樂，因為欲望始終是不能滿足的。

中觀派說：消除痛苦就是快樂。《阿毗達摩經》說：佛祖不否定快樂的存在。我對幸福的理解是要能夠快樂地接受生命的意義。

如何造就幸福生活

假設今天我們跟一位唯物論者討論如何造就幸福生活，他會直截了當地告訴我們應該創造財富，唯有擁有物質的財富才能過上幸福的生活。20 世紀的主流社會相信這個說法，而且不顧一切地追求物質財富。其結果到底如何？經歷過的人最有話語權。如果我們跟一些沒有經歷過生活的甜酸苦辣，清閒地待在僻靜山間的修行人或者沒有生活閱歷的富家子女討論，他們或許會說幸福生活跟金錢物質沒關係，完全取決於自己的心境；但是如果有一天生活的環境發生一場大的變化，變得一文不名時，卻不得不放棄曾經的清高而偷偷地拜財神。

釋迦牟尼佛的教法裡對如何造就幸福生活有比較周全的闡述。佛說，首先人本身不是一個獨立的物質體，人類的生命是物質與精神的組合體，所以人類所感受的快樂也自然是兩方面的：即身體的快樂和精神的快樂，而且後者對於生命更重要。

依這個觀點，造就自我的幸福生活必須要從兩個方面思考：如何造就身體的快樂和如何造就精神的快樂？一切都依賴於因緣和合，而不會無緣無故地發生結果。

對於如何創造快樂的因緣，古印度中觀派繼承者寂天菩薩有個精確的法語："福德引身適，智巧令心安，為眾處生死，菩薩豈疲厭？"什麼意思呢？自己所積累的福德引發身體的舒適，善巧的智慧才能獲得心靈的安樂，如果有人具備了這兩樣，此人無論身處何地都是幸福快樂的，相反自然就不幸福。

福德引身適

今天我跟大家討論的主要內容也就是"福德引身適，智巧令心安"這兩句話。

有一位古印度中觀應成派的哲學家月稱菩薩說："沒有物質財富就沒有人類的快樂，物質的財富也源於佈施，所以，佛祖首先講述布施的方式"。雖說物質是身外之物，但對於生活來說儲蓄卡裡的數字比起信用卡的透支要好；奔馳、寶馬比捷達、夏利更讓人感覺良好；住在出租的農村屋子裡自然就沒有環境良好、管理優質的高檔社區安全舒適。所以，欲得幸福生活，追求物質條件也是理所應當的事。但是，創造物質財富一定要遵循"君子愛財、取之有道"的道理，所謂的"道"就是排除歪門邪道的"正道"。如果違背了正道，所得來的一切將變成災難的禍根。

佛講八正道，幸福來自八正道。下面我們簡單地討論一下正道的三個方面：正見、正業、正命。

首先說正見。正見就是正確的因果觀，凡是發生的結果都依賴於條件，而且是合理的條件。人的身上會發生兩件事，一件是讓自己快樂的事，另外一件就是痛苦的事。快樂源自善業，痛苦源於惡業，就像種瓜得瓜、種豆得豆一樣。財富來自佈施，貧窮來自吝嗇，健康來自關照，不健康來自傷害、殺生等等。在因果的循環鏈上，一切都是自作自受，因緣不會半途而廢，不作不受。別人或者神也無法強加罪行，一切的發生都是合理而公平。這就是世間正見。

其次說正業。不論是從事工、商、務農或者任一官半職，只要不傷害到他人（包括所有的眾生）的利益都是正業。具體來說，不能為了一點利益傷害到個體或者群體的利益，也不能損害公有或者私有的財富以及尊嚴。何時都不能違背這個底線，否則不會有好的結果。所以，不管從事何種職業，都要謹慎行事。

再次說正命。正命指合理的生活。希望生活過得幸福，就不能過極端的生活。奢侈是極端，寒酸也是極端，唯合理生活才是正命。所以，佛經也要求佛弟子遵循中道的生活。特別有三件事是直接違背了正命。

第一是吸煙。吸煙不僅有害於自己的身體健康，而且有害於身邊人的程度遠遠超越了蚊子、蒼蠅。我們怎麼能做蚊子蒼蠅都不如的事呢？道理歸道理，但我們時常不監督自己就會做出一些很荒唐的事。文明的社會裡公眾場合是不允許吸煙的，但很多自認為有身份的人，站在"禁止吸煙"牌前正大光明地吸煙！

第二就是喝酒。酒會麻醉人的精神意識，導致人們失去自我控制。一個失去了自我控制的人會做出什麼事情是無法預判的，所以，佛教的戒律要求必須戒酒。我們的酒文化裡不陪人喝酒是不給面子，許多人僅僅因為這個理由而去喝酒，那麼只能說這是個非常野蠻的文化。我發現與喝酒的人吃飯不是很爽，喝酒人一邊吃喝一邊說話，口水灑在飯菜上，想想這種場面是多麼不盡如人意。還有些女士強調男女平等，把平等的標準認定在酒桌上，最後不省人事。要知道，一時的衝動有可能導致一生的痛苦，還是自愛一點好。更為嚴重的是，喝酒會導致身體不健康，作為一個家庭的頂樑柱——丈夫或者父親，他若是一個今朝有酒今朝醉的斷見派，那這個家庭還會有幸福生活嗎？不會的！

抉擇正道

第三是不正當的異性關係。這種關係會傷害到很多人。若有良心、希望大家幸福，作風正派是必須的。特別是父母官、企業家更要注意。有人說：包養一個高級地下情人所需要的錢，比供養一所小型的孤兒院還多。也有人說很多有身份的人墮落的開端是從包養二奶開始。我沒有研究也沒有發言權，但現實中很多家庭以及個人的痛苦是顯而易見的。所以，造就幸福的生活，必須遠離這些行為。

　　總之，欲求好的結果，必須播種好的種子，好的種子必須是沒有瑕疵的。

究竟的幸福源自超越的智慧

　　知足很重要。古人說：知足常樂。無論有多少財富，如果沒有知足，這種人是不會有幸福的。所以，寂天菩薩說：知足是帝釋天王都難得的財富。生活中懂得知足，合理安排財富的個人或者家庭才會長期幸福。

　　我們要認清財富的本質。對這個問題，我有兩個建議。一是較淺的層面：對於很多人來說，讓自己疲憊不堪的重要原因不是缺乏生活的必需品，而是缺乏虛榮的必需品。渴望追趕時髦，橫掃品牌的心態導致欲求不得的痛苦。我認為時髦是一種被動消費，而所謂的品牌是昂貴的標簽。我們沒有必要為了標簽給自己製造那麼多的壓力，生活越簡單越幸福。二是相對深層的：你可以擁有大量的財富，但時刻要做好放下的準備，這是駕馭財富的勇氣。獲得是應該的，因為你付出了很多勤勞和智慧。失去也是正常的，因為依條件而得到的，失去了條件一切就會自然消失。深刻認識到這個自然規律就是超越的智慧，擁有這樣的智慧，才能以平常心對待沉浮不定的人生。這是境界，也是究竟的幸福。

佛說：世間所有的恐懼與痛苦是因為自私而發生，所有的幸福與安樂是利他而得。放棄自私與狹隘的心態去嘗試幫助他人是幸福的源泉，也是提升自己生命的最佳途徑，這是生命當中最為值得重視的事情。若有興趣，建議大家閱讀《入菩薩行論》。

最後我想連帶講一句佛教徒的觀點。今生今世不過是生命輪迴中的一剎那，苦樂如同三更的夢境──稍縱即逝，一切努力對於長久的生命沒有任何意義。所以，生而為人的高級動物除了生存之外，理應積極地探索生命原本的真諦而成就究竟的自我價值。

2013 年於西安

因果定律是非常精確的。雖然一個"因"種下去，到"果"的成熟，同植物一樣，必須經過一段的時間，而且要有適當的"緣"去完成。但"因"從來不會半途而廢，而"果"也從來不會僥幸可得。善惡到頭終有報，只是時間的長短而已。

抉擇正道

三

今天有機會和大家一起探討佛法，我感到非常榮幸。古人說："同船過海是五百年修來的緣份"，所以此時此刻我們可以相聚在一起談論佛法是我們的緣份。這除了是緣份外，更是一種福報，希望大家要知福、惜福，還要繼續造福。

蘇東坡眼中的“牛糞”禪師

雖然我們每一個人都有一些不同的特點和專長，但是每一個人都需要和平、自由、平等、關愛及快樂，這是人類共同的需求。這樣的共同需求要實現，是需要每個人去努力和參與的。因此，我們要學會站在大眾的角度思考，站在別人的角度看待事物。用一顆清淨的心去對待這個世界是非常重要的。如果自己的心清淨，你看待的世界也是清淨的；如果你的心不清淨，那麼這個世界也不會清淨。好人看人，人人都是好人；壞人看人，人人都是壞人。

佛教的禪宗有這樣一個故事。話說有一天，蘇東坡和佛印禪師一起打坐，蘇東坡問佛印禪師說：“你看我打坐像什麼？”禪師回答：“像佛！”佛印禪師反問蘇東坡：“那你看我像什麼？”蘇東坡說：“我看你像堆牛糞！”蘇東坡因為自己捉弄了禪師，洋洋得意地回去告訴蘇小妹。聰明的蘇小妹馬上反應過來，她說：“哥哥啊，你輸了！禪師心中是佛，他看你就像一尊佛；而你心中是牛糞，所以你把禪師也看成牛糞了！”

我們每個人都會有不悅意和煩惱，當發生這種情況的時候，我們千萬不要鑽牛角尖，把事情想得太複雜，更不要怨天尤人。要立即意識到這是自我的內在問題，要即時調整自心，這是至關重要的。

　　當今時代，科技有了重大的發展，人類的物質生活條件已經達到了很高的水平。但我們依然有許多問題不是科學和金錢能夠解決的：焦慮、恐慌、愛別離苦等等人類內在的痛苦，並沒有隨著科學的進步而減輕，只有在信仰領域或者宗教裡面才能得到比較完善的調整。所以，信仰和宗教也是人類需求的一種學科，這也是宗教與人類共存的原因。

佛法：從凡夫到成佛的方法

今天我們在這裡先探討一下"佛法如何改變命運。"

佛法作為一種宗教，有人說它是"有神論"，也有人說他是"無神論"，其實這兩種說法都不大準確。佛法並不是一般人理解中的"有神"或者"無神"的概念。

佛教的中心理論是講解因果規律的緣起論——它是符合宇宙邏輯、理性的一種特殊宗教。

偉大的科學家愛因斯坦評論佛教說："完美的宗教應該是宇宙性的，它超越了一個神化的人，放棄了死的信條教義及主從觀念，基於物質和精神的經驗而渾為一體，那只有佛教才能符合這些條件。如果有一個能夠應付現代科學需求，又能與科學相依共存的宗教，那必定是佛教。"

佛教在人類世界的創始人是二千多年前在印度誕生的一位王子，他名叫喬達摩·悉達多。因為感到人類對生、老、病、死等痛苦的無奈，他毅然放棄王位、眷屬，出家尋求真理。經過了許多磨難和考驗，最終他在菩提樹下覺悟成佛。這就是我們的本師釋迦牟尼佛。這位偉大的佛陀，是人類的教育家，他教導人類從凡夫到覺悟成佛之道，他以完全忘我的大愛精神來到人間救度苦難眾生！

可是，佛並不是創世者，也不是世界的主宰。他不能創造世界，也不能創造人類；他不能因為他的歡喜而使人類可以上天堂去享福，也不能因為他的憤怒而把人判入地獄。這跟有神論的觀點不同，有神的理論雖然對於人類社會的發展有著它的作用，但是這種理論在宇宙的真理面前是無法自圓其說的。

那麼到底佛是什麼？"佛"是無量諸佛的通義，是廣義的。"佛"是指一切破除了迷惑的覺悟者。他不是我們概念中的一個人體，而是一種智慧！除此，佛也不是唯獨的一尊。華嚴經說："一個微塵上就有剎塵數的佛"。佛法認為眾生平等，所有的眾生都具備佛性，都可以成佛。我們的導師釋迦牟尼佛也就是三千大千世界無量數的佛之一。

佛與人類存在的相互關係，與其他宗教顯然不同。在其他宗教裡，它們的神或者上帝與人類是永遠處在二元對立的地位。神是神，永遠高高在上；人是人，永遠低下，人永遠是神的僕人。神或者上帝，是宇宙的造物者，他是一切教示的中心；人要信從神，要侍奉神，才能獲得神的恩典，死後可以上天堂享福，不信者就要到地獄去受苦！這是地球上大部分宗教的通論。

而佛教並不是這樣的。佛教認為一切眾生都是平等的。每一個眾生包括最小的生命體螞蟻和昆蟲都具備佛性，都有覺悟成佛的潛能。佛與眾生的差別，只限於一個是覺者，一個是迷者而已。所以在過去曾經有無數的眾生已經成佛，現在和將來也會有無數的眾生成佛的！佛並不是我們的主宰，他是我們的導師。佛法是教導我們從凡夫到成佛的方法！

因果定律是宇宙真理

　　佛教徒追求成佛的目的，並不是為了成佛後可以享福，可以高高在上，而是追求人類極致崇高無瑕的精神境界，就是無我地為眾生的幸福和快樂而無限期地貢獻。雖然，佛具有至高的智慧、無虛的悲心以及無限的能力，但佛無法直接洗掉人們的罪過，也無法用手抹去人們的痛苦，更無法把自己覺悟的功德移植給別人。這是為什麼呢？是因為宇宙的真理——因果定律！每一個人，甚至物質都要依循這個真理，沒有人可以改變，就連佛也不可以改變！

　　因此，佛來到這個世界上，開示了凡夫如何成佛的方法，為人類示現眾生平等、皆可成佛的真理！佛在世上四十多年，教導人們自救自脫的方法。佛說：“我為你們宣說解脫的方法，但是能否解脫還是要靠你們自己努力”。佛說法的作用是改變惡性來拯救苦難。世親菩薩說：“善法改變煩惱心，拯救墮落惡道眾”。佛是人類的精神導師，佛法是承載人類到達永恆快樂之境的運送船！

　　人類的本性原本像一個平靜的湖面一樣，十分寧靜和澄清，具有智慧、悲心和力量，它自由、快樂和永恆。可惜因無明的緣故，人類在其思想意識中產生一種妄念，生出來一個叫"自我"的觀念，接踵而來就產生"我"的身體，"我"的思想，"我"的感情，"我"的親人，"我"的仇人等等一連串由"我"開始衍生出來的"你、我、他"相對的觀念，更甚至在"我"和"他"之間劃上愛與恨、親和仇的界限。我要名利、財產等，佔有的欲望支配著自己的一切行為。

有了這樣的思想和行為，決定了宇宙中生命的相續，生了又死、死了又生，連綿不斷，毫無止境。這流轉不息的生命運動如同一個環形的激流，在流轉的過程中沒有片刻的停留餘地和自由，也沒有固定的生命狀態：有時候是人，有時候是畜牲，有時候是餓鬼……轉為人的時候，沒有固定的貴賤、強弱、貧富、高低之分，也沒有一成不變的親仇利害關係。佛教稱這為"輪迴"。

我們在每一次輪迴中，都徹底忘記了前生的一切。從前釋迦牟尼佛有一位神通廣大的弟子，叫嘎德雅納。有一次他看見一位懷裡抱著孩子的婦女在吃魚。這時有一條饑餓的狗走到她面前擺尾乞食，她邊吃魚邊用魚骨頭打狗，那條狗便吃她丟下的魚骨。這時候，嘎德雅納運用神通觀察他們以前的因緣：原來這位婦女懷中的孩子是她前世的仇人；她正在吃的魚是她前世的父親；那條狗是她前世的母親。嘎德雅納非常感慨地說了這樣的偈頌："口吃父肉打其母，懷抱殺己之怨仇。妻子啃吃丈夫骨，輪迴之法誠稀有！"

觀看我們眼前的這個世界，一切都是變化無窮的。生存在同一空間地球上的人類，各自的身份、地位、名譽、財富、壽命、健康也有很大的差別。那怕是同年同月同日出生的人，受同樣的教育，長大後在同樣的環境和條件下創業，但結果也有很大的差異。千百年來，人類為了追尋這種神秘的命運軌跡，研究出來了許多學說。然而至今為止，除了佛教的因果論以外，沒有一門學說是可以徹底講解清楚。這些變化無窮的事物，中間貫穿著一條"因果不虛"的定律。由於自己過去造作的"因"而形成了現在的"果"；而現在造的"因"又形成將來的"果"。佛經上說："欲知前世因，今生受者是。欲知來世果，今生做者是。"

這樣的生命輪迴，因果之間的關係極其微妙、錯綜複雜，非佛陀外的一般人是不可能掌握得了的。這也就是為什麼許多運算命運軌跡的方法，如中國的國粹周易、紫微斗數、鐵板神數等經歷了幾千年的研究和發展，至今仍然處於只能推斷片段運途，沒有一個術數可以準確而精湛地計算出一個人的一生，更遑論可以找到改變命運的方法。

但正如聖哲們說的種瓜得瓜、種豆得豆一樣，自因自果，自作自受；利人即利己，害人終害己。因果定律是非常精確的。雖然一個"因"種下去，到"果"的成熟，同植物一樣，必須經過一段的時間，而且要有適當的"緣"去完成。但"因"從來不會半途而廢，而"果"也從來不會僥倖可得。善惡到頭終有報，只是時間的長短而已。明白了這個道理後，我們就可以改造自己的命運，掌握自己的未來。

可為什麼還有許多人不相信因果定律呢？這是因為在人類的知識範圍內只能看到今生，過去是什麼樣的，將來是怎麼樣的，都不在我們的認知領域內。人類習慣性地對自己的認知領域涉及不到的事物抱懷疑和否定的態度，這也是人類的短見。大家想想看：人類可以活在世上，頂多是一百年左右的光景，我們所能學到的知識，哪怕是精通了祖先們所有流傳下來的，也就是幾千年的學問而已，與這個浩瀚無際、無法計量的宇宙相比，我們所知道的僅僅是其煙海中的微塵。

佛經裡講，一個因到其成熟，並不一定在當生實現。要看這個因的輕重性質而定，有的可能來世成果，有的可能隔幾世才能成果。除非強大的善事或者大惡，方能在今世見到現果。此外一個人所種的因，並不一定全是善因或者全是惡因，往往是多種善惡的因都有。有的是可以互相抵消的，有的是可以互相增長的。所以單看一個人所種的一個因，是無法斷定他一定會得到什麼果的。

明白了以上的道理，以後看到那些當前害人害物的人終生享福，那些忍讓善良的人卻常常吃虧的事情，就不會有因果無憑的感慨，更不必怨天尤人，產生無天理、無黑白是非、因果不存在的斷見。

遵循五戒與十善業

講到這裡，大家不妨觀察一下自己的現狀。如果你今生是屬於那種幸運的人，具有健康、財富、地位等等，要知道這是自己前生所修來的福報。要知福、惜福，還要繼續培養自己的福分。不管好的果或是壞的果，都是有限的，如同銀行的存款一樣，用完了就沒有了。

如果你今生是屬於那種比較艱苦多難的人，也不要抱怨，就把這些磨難當成是還債吧，坦然地去面對。不過要避免繼續造業，立即斷惡從善，將你的命運改變過來。

不懂因果之前，我們所做的許多事情都是願望和行動背道而馳，祈望幸福卻造惡業。看看身邊的人群，多少病重的人錯誤地認為吃一些特殊動物的血肉就可以健康延壽，他們卻不知道殺生的過失是導致他們短壽的主要原因。眾生的無知，往往造成許多惡果。

為了改變我們的命運，下面我跟大家簡單地介紹一下佛法中對我們的基本要求——五戒和十善法。

五戒就是殺生戒、偷盜戒、邪淫戒、妄語戒和飲酒戒。

1.戒殺生: 人人（包括有情生命物）都愛護自己的生命，不願意被傷害。所以我們不應該去傷害別人，也不應該殺害有情生命物。能持戒者可以獲得長壽健康；違反者得多病短命之報。

2.戒偷盜: 凡不屬於自己的都不應該去侵佔、劫奪、偷取。能持戒者得富裕幸福；違反者得貧困下賤。

3.戒邪淫: 除了合法夫妻之外，不可有貪色引誘和行為而敗壞社會道德和家庭和睦。能持戒者夫妻和睦賢善，家庭平安；違反者得妻女行邪、橫事盈門之報。

4.戒妄語: 就是要我們誠實，說實話。人與人之間的互相諒解就是從不打誑語做起。能持戒者得辯才和人們的信任；違反者得言無人信。

5.戒飲酒: 酒能傷害健康，影響精神的安寧，使人墮落、愚癡、偏激，因酒作惡。能戒者得智慧；違反者身常臭穢，心神狂亂。

"十善"分做人的十善和學佛的十善。

做人的十善是:

1.供養三寶。

2.孝順父母。

3.恭敬師長。

4.知恩報恩。

5.受持齋戒。

6.和睦鄰居。

7.濟貧救苦。

8.憐孤恤寡。

9.戒殺放生。

10.讀誦經典。

學佛十善是對治十惡的反面。

十善分別為：身三善；口四善；意三善。身三善：

1.不殺生：不殘害生靈，還要放生、護生。

2.不偷盜：不是自己的東西，不要據為己有，進而能
行佈施。

3.不邪淫：不可有違反道德和法律的不當男女關係。

口四善：

1.不妄語：不說謊言、假話。

2.不兩舌：不挑撥是非，不破壞人與人之間的團結。

3.不惡口：不以粗言罵人，不說尖酸刻薄的話。

4. 不綺語：不說那些會引起罪惡後果的、迷惑人心或者毫無意義的話。

意三善：

1.不貪欲：不妄念貪求，知足少欲。

2.不嗔恚：不怨恨、記仇。有慈悲心，心平氣和，不惱怒。

3.不邪見：要有正見，不迷信，明白因果和是非。

如果能夠做到佛法的這些基本要求，此人必定是一個有高尚人格的人，自然會受人尊敬愛戴，能夠感動諸佛菩薩、天地神靈，也能如願以償，成就大業。如果一個家庭能堅守十善，這個家庭也自然會免除天災人禍，幸福美滿，代代興盛。若是一個社會能夠奉守十善，這個社會就是人間淨土！

我們要是不知道遵守因果、不知戒惡行善、不知修行的真理，就是天天燒香、祈禱佛菩薩賜福消災，佛菩薩也無能為力。這並不是菩薩不慈悲你，而是因為若是我們沒有善法的種子，是無法生出善果的。相反，你要是經常行善，就是你不去求佛菩薩，你也一樣會得到好的結果。

就是說，我們行善做功德是善業的種子，佛菩薩的加持是雨露，能具備這兩者，善果的成熟就會加快；如果沒有這個善業的種子，就是有雨露也無法有結果的。

我們在平日的生活中如果能有正知正念，能夠遵守因果法的自律，那麼當我們有需要的時候去祈禱佛菩薩，一定會很靈驗的。這就如同春天的莊稼得到雨水一般。命運是可以改變的，不過這一切還是取決於自己。

五戒十善是佛教的世間法修行方法。佛法還有更究竟的出世間法，它是啟示人們澄清妄念、明心見性、化除惑業、了脫生死、證得涅槃及圓成佛果之道，這才是佛法終極的目的。如果我們願意探求修證這樣的境界，就要依止善知識，聽聞佛法，觀修無二的智慧，邁步菩提大道，方能成就佛法的終極目標。

2003年於深圳

抉擇正道

佛經講：身體如同客棧，心靈如同遊客，不斷地在更換客棧。能否入住更好的客棧，完全由個人的業力決定。業力是有意識的思想和其支配下的言行。

抉擇正道

四

為什麼要學佛?

從個人的角度思考,人是身體 (物質) 與心靈 (精神) 的組合體。人的身體需要物質的生活條件,從生活必需品到富貴的生活, 不斷地追求更好。但我們必須要認識到, 人走向單邊物質主義道路會導致諸多極端與痛苦。因此, 關照生活條件的同時, 必須要關照個人的心靈。這裡所說的心靈, 就是佛經所說的"心"或者"意識"。人的身體與心靈是不同的, 身體只能延續一生, 而心靈則是延續永久, 我們的心靈從無限的過去到現在並將會延續無限。

簡單來說心靈主導業力。心靈的本質是智慧與關愛。但因為無明, 人心的習性傾向於自我, 自我導致自私以及心胸狹隘、極端情緒化等等諸多問題, 甚至會發展到自甘墮落、企圖自殺、嚴重暴力、仇恨社會等惡劣行為。而這些問題是任何外在的物質與環境都無法從根本上治理的。如果沒有心靈的修養, 物質的條件越優越與內心的安寧失落成正比。

對於如何成長"內心"的問題, 佛教中有系統而完整

抉擇正道

的引導方式。通過這個方式去修學，最終能夠圓滿覺悟，同時也能了脫包括生死在內的所有束縛與痛苦，成為三界眾生的導師、偉大的佛陀。這就是我們要學佛的理由。在神教的理論中平凡的人永遠也無法成為救世主，但在佛學裡，佛與眾生的本質是平等的，所有的人都有佛心，所以，只要通過正確的方式修行，所有的人都有成佛的可能。這就是佛經中所講的"基"、"道"、"果"之中"基"的基本觀點，這個觀點闡述每個人都具備成佛的前提。將來有機會，大家可對此理論進行認真探究。

學佛的意義

　　每個人的生命都自然要面臨生老病死的痛苦，而且生老病死在無盡地重複，始終處在被動與壓力之下，擺脫不了苦苦、變苦、行苦的痛苦。學佛的意義就是了脫這些問題。相反，如果不學佛會是怎樣呢？不能正確地對待生命的問題。例如：我們的生活方式始終在別人的模式當中，讀書、工作或者創業、結婚、生兒育女、養家糊口、進養老院等待死亡。面對死亡心存恐懼與無奈，沒有任何積極有效的辦法，儘量回避或者麻木地等待，但最終必然死亡。無論成功與否，多數人的生命規律基本如此。

　　學佛是為了改變這種生命的狀態。首先反觀自己的生命及生命應得的意義，從中發現身外之物無論是財富、權力以及榮譽，都是虛幻無常的，生不能帶來，死不能帶去。覺悟一生的努力對於生命的根本沒有任何意義的時候，能夠放得下一切身外的束縛，從而尋求對生命真正有利益的道路；認識痛苦，尋找痛苦發生的原因及對治痛苦的方法，最終能夠解決掉所有的煩惱及痛苦，獲得永恆的保障及安樂，此時不僅獲得自身的成就，而且自然能夠利益普天之下的芸芸眾生。這就是學佛的利益。

學佛的次第

這裡從見地的角度討論學佛的次第。這個次第分三個步驟:

1、樹立因果正見

個人與整體的命運都不是無緣無故產生的,若不需要條件而發生,要麼任何時候任何地方都在同樣發生,要麼無論何時何地都無法產生。所以,一切不是無因而發生的,也不可能是救世主在安排一切,因為無論是在常態或者變化中的救世主,都無法決定人類共同以及個人的命運。那麼是誰在決定我們的命運呢?不是別的,就是自己,更準確地說是自己的思想和行為在決定自己以及共同的命運。完全是自做自受、不作不受,不會錯亂發生結果,如同種瓜得瓜、種豆得豆。

所以,學佛的第一步要正確地認識因果正見。

我們的命運中發生三種結果:痛苦的、快樂的、無所謂的。痛苦是惡業的結果,快樂是善業的結果,無所謂是

抉擇正道

無記業的結果。不欲痛苦就要改造十種惡業，希望獲得快樂就要行持十種善業。有人認為生活中很難斷惡行善，其原因是對因果正見的理解不夠深刻。針對這種問題，我們首先要認真地閱讀有關講述因果方面的正統佛經，如《賢愚經》《百業經》《富樓那經》等經典，直到對因果報應堅信不疑，自然而然就能夠行持善業。這是學佛的第一步。

2. 斷除我執

所謂的我執，就是自我存在的執著。佛經講，一切煩惱與痛苦的根源不是別的，就是我執。由我執引發煩惱的產生，煩惱造就各種各樣的無盡痛苦。因此，樹立因果正見之後，要斷除我執，換句話說就要抉擇無我的見地。我執本身就是顛倒真理的誤解，事實上根本就不存在符合我執所要求的自我。在我們的概念裡，自我是恒久存在的、絕對獨立的、不可分割的，但我們用智慧去抉擇時會發現，在我們的身體本身以及身體之內之外都無法找到這樣的自我。這種智慧的練習不斷深入，久而久之就能融入到無我的見地。當無我的智慧修正圓滿之時，即能了脫生死輪迴。

這個無我的抉擇及實修方法在《入行論.智慧品》和《入中論》中都有詳細的介紹，未曾瞭解清楚的，應該反覆閱讀及思考無我的法門。

3、要超越一切概念

這個世界上所有的存在以及溝通都建立在一個先天性的誤會之上，沒有這個誤會自然就不會有是非、等級差別和一切不公平的競爭。這個問題不易理解但必須要理解，這不是單純的哲學問題，而是與切身利益有關的問題。

我們比較容易明白這世上的一切好與壞、對與錯等等都是相對的。再進一步想一想，只要是相對的，它說明了什麼呢？它不是客觀存在，而是把主觀的概念反射到這個世界上，如同某一類標籤貼在某種產品上，久而久之就誤解成一體的情況一樣。只要存在固執這些概念，一切麻煩就會接踵產生，因此，要超越一切概念。

舉例來說，我們每個人心裡有三種人：自己所喜愛的親人、討厭的仇人和陌生人。但用智慧去認真辨別時，發現這些不過就是自己的看法或者概念而已，沒有真正的親人，也沒有真正的怨敵或者陌生人。最終發覺世上的一切人與事、個人與社會、成功與失敗等等，不過就是人類內在的錯誤概念而已，實相上一切都是平等的。

如明白這個道理，我們的內在會得到相當程度的提升，能夠用平常心面對一切，這就是需要超越概念的原因。這個問題在佛學裡也算是比較深奧的法門。

般若系統的所有經典和龍樹菩薩的中觀系統裡都在講述這個內容，有機會要化較長時間去學習般若類的經典和中觀類的經典。

今天討論的這三個步驟是大乘主流的抉擇見地的次第。若有機會再對如來藏和密法裡所講的光明智慧依照順序去修學，就能夠如願獲悉修道上的成就。

2013年於澳大利亞墨爾本

抉擇正道

在我們佛教徒看來，佛教就是佛教！它是讓我們離苦得樂的一種方法；它告訴我們眾生平等，自己未來的幸福和解脫完全要靠自己努力；每個人要隨時檢點自己的身心，只有自己才能為自己的身、語、意的狀態負責，任何人都幫不上忙。

抉擇正道

五

歲月流逝猶如河水奔流。時時刻刻、分分秒秒，時間一直向前奔跑，從不停息片刻。沒有什麼力量可以阻止它，它不受我們的控制，不會等待我們，更不會有時光倒流的奇跡。所以，我們唯一能做的就是珍惜光陰，把人生用於積極有意義的行為上，不要把時間荒廢在負面、消極、墮落的行為上。這是我們可以選擇及把握的，而這個決定權永遠掌握在我們自己手中。所以，善用時間對我們來說是非常重要的事。

抉擇正道

欲知前世因，今生受者是

我相信，無論對於什麼人，生命原本要帶給我們的是歡樂與成就。所以，無論我們來自哪一個國度、哪一個種族，是腰纏萬貫的巨富還是身無分文的窮人，有知識、無知識，我們的本性都是平等的。我們都有身體、情感、愛好，還有潛在的能力。但是我們在漫長的生命輪迴中所積累的思想和行為的差異，演變成了今天我們所發現的不平等的人生階層。

佛陀教誨我們：在這個世界上，沒有一個可以控制世間萬物的造物主。所以，這個世界本來是很公平的，而在每個人身上所發生的一切好與壞，都是自己所造的前因後果。佛陀在經典裡說："欲知前世因，今生受者是。欲知來世果，今生做者是"。過去的思想、行為和習氣影響到今生，而今生的所作所為也會影響到未來。這種關係唯有自己的思想和行為去決定，別人是根本無法替代和參與的。

在這個過程中，心所發揮的力量要比行為來得更重要。舉例來說：假如你今天心情不好，那麼今天所有隨之而來的種種事情，不管是什麼原因，都變成使你不快樂的因素。相反，你今天心情很好，隨之而來的一切事情都會讓你歡喜。這樣的狀況對每個人都是基本相同的。

　　總之，對我們來說最大限度的快樂或痛苦，往往不一定是因物質的變化而發生，而是由心靈的感受決定。若要對這方面有更深刻一點的體會，就需要長時間地去研究佛法。

快樂之源：施愛於他人

我們每個人都有權利追求自己的快樂，為自己美好的明天奮發圖強。

可是我們不能用自私的心態和手段去謀取快樂和利益。因為用這樣的方法，我們將會嘗到更多的痛苦！

比方說：我們總是欲求一些原本不屬於自己的東西，像金錢、地位、名聲等等。有了這樣的心態，就會出現許多的煩惱。我們會猜疑和害怕自己擁有的會被他人奪走，我們妒忌所欲求的會被別人領先得到，這些猜疑和妒忌甚至會引起嗔恨和鬥爭。不擇手段使人疲倦不堪，也會喪失倫理和道德。我們用非常自私的心態所追求的金錢、權力、榮譽和讚揚，即便是得到了，也不一定能給我們的身心帶來快樂和滿足。

在世界不同的角落裡，我們經常可以看見擁有大資產、大權勢者在嗔恨、恐怖、寂寞、孤立、絕望和自我猜疑中掙扎的生活情景。如果我們的內心能放鬆一些，能寬容一點，不那麼自私，就會像古人所說的"心中有事世界小，心中無事一床寬"。當我們的心態改變過來，能夠多關懷他人時，我們會發現我們的心境平靜安然，心靈變得廣闊而開放，精神就會以此得到歡愉。似乎個人的問題都顯得沒那麼重要，遇到任何事情也能拿得起、放得下，變得很自在，再也沒有什麼事情可以讓自己變得非常苦惱。

　　所以，心念的作用大於一切，能夠調伏好自心，顯然非常重要。這可以算是財富中的上等財富，就是精神的財富。

信仰至上

　　有意義的人生需要具備雙重的財富——物質財富與精神財富。我們作為一個普通的人，都同樣希望擁有美好的生活。首先我們會追求物質層面上的富裕。因為沒有物質生活的保障，就無法追求更高一層的精神富裕，這個道理是每個人都很清楚的。我們有了一定的物質生活保障時，就需要有一個精神層面的寄託，就是我們所說的"精神生活"，這顯然是非常重要的。因此，可以這麼說：人應該有信仰，那樣才會活得更像人的特性。

　　我覺得一個沒有信仰的人，他的人生就完全失去了方向。相對來說，一個無信仰而物質生活富裕者，比物質生活貧乏者還要可悲。因為沒有錢的人每天還需要為生計忙碌，起碼他們有一個為活著的目標去努力奮鬥。而物質生活寬裕者要是沒有信仰，那麼他們將會何去何從呢？活著的時候依然將財富作為終極目標，而財富變成一個乏味的數字，對死後的世界既不知、也不在乎，只會儘量逃避。唯一可以得到的，也只有財富所帶來的虛榮和簡單的滿足。

可是，越貪念物欲，也就越迷失自我，難以自拔。這種人不停地追尋物質財富，但最後也不能讓心滿足，到頭來獲得的更多是空虛、苦悶、失望、沮喪、寂寞與疲憊不堪的身心，人生變得無望、無奈和無助。這樣的人也給社會營造了種種不良的風氣，害己害人。從古到今，數不勝數的人就是在糜爛物欲之中度過人生的。

選擇信仰

　　我們討論信仰，很多人很自然就會想到宗教，把信仰變成宗教的信仰。我想這也沒有什麼不對。"宗教"的定義，不同人有不一樣的解釋。無論如何，我想人類有宗教也是一種文明的標誌。

　　但是，我們要看到宗教也是有利有弊的。舉例來說：某些宗教，含有神權在上的霸氣、教條主義的虐迫性，或是偏狹族群的排他性、與科學和理性相違的迷信性等弊端。從古至今，發生許多因為宗教給人類群體和個人帶來災難的事件，對此要用清醒的頭腦去辨別對錯是非。

佛教是最貼近人性的宗教

　　這裡請允許我對佛教做一些自己力所能及的介紹，希望大家不要因為我是一個佛教徒而把佛教變得有理，也請大家認真地分析我的話語。

　　佛教到今天已經有二千五百五十多年的歷史了。我們可以說：佛教是個古老的宗教，可它一點也沒過時！原因是它的教義貼近人心，沒有跟世俗格格不入、遠離人心、疏離社會的表現。佛教尤其重視分析和邏輯。對研究理論的人來說，佛教的教義應該是非常重要的。

　　因此有些人說佛教不是宗教，而是一種哲學；還有一些人說佛教是一種主義。但在我們佛教徒看來，佛教就是佛教！它是讓我們離苦得樂的一種方法；它告訴我們眾生平等，自己未來的幸福和解脫完全要靠自己努力；每個人要隨時檢點自己的身心，只有自己才能為自己的身、語、意的狀態負責，任何人都幫不上忙。

　　佛陀本人也不承認自己是萬能的、是宇宙的創世主，佛陀只是引導人類走向正路的導師。他跟一般人不同的是：

他的人格修養圓滿，沒有一般凡夫的貪、嗔、癡等煩惱和無明習氣；他的智慧和愛心達到了最高的境界。他所教導的是：“諸惡莫作，眾善奉行，自淨其意，是諸佛法。”

利他是最好的利己

佛教認為，一個人活在這個世界裡，擁有錦衣、玉食與華居這些物質的財富，不能說明人生就此獲得了意義。

物質財富本身就是無常性的，隨時有失去的可能。加之，基本生活所需以外的物質財富對自己來說也是一種多餘的負擔，因為物質生不能帶來，死不能帶走。請注意我的表述：佛教不是說物質本身有罪，只是說執迷於物質並不是人生的意義！但如果能以所創造的財富去幫助人類福祉，那就另當別論了。

佛教導我們：有意義的人生是從奉獻自己、服務人群中得來的。如果我們有一天能做到生活隨遇而安、隨緣度日、不貪不求、盡心盡力地為他人服務，那麼這個人生，就是實實在在地成就了不凡的意義！能這樣做到利人，自己所獲得的利益和快樂會遠遠比只想到"我、我、我……"，把全部精力都投注到自我身上的封閉和狹隘心態所追尋到的更多。所以，"利他才是最好的利己方法"。寂天菩薩說："不必言多語，能仁為利他，凡夫求自利，觀其之差別"。

發菩薩心，度脫眾生

佛陀所宣講的大乘佛法是把一個學佛者自始至終的學處概括至一個思想和六種行為之中。一個思想就是發菩薩心；六種行為則是佈施、持戒、忍辱、精進、禪定、智慧，佛經稱為六度或者六波羅蜜多。

我們要瞭解生命是有輪迴的。至於生命輪迴的論證方法有很多。近代有許多學者也在統計和研究再生人；也有心理學家運用催眠治療法等很多回憶前世的方法去追尋輪迴的真相，總之我們無法否定生命輪迴的存在。所謂的生命輪迴主要是我們的心識在輪迴。我們的身體好比是一所客房，心識就是客人。生生死死，生了又死，死了又生，就如同一個不斷雲遊的客人搬進不同的客房一樣。

當我們的生命不斷輪迴時，基本上每一次輪迴都有父母，包括動物在內。這些父母就像今生的母親一樣，對我們有很大的愛與辛勞撫養的恩德，這是絕對無疑的。我們不妨觀察一下動物世界裡的鳥類，在雛鳥沒有能力照顧自己之前，它們的母親會看護照料它們成長，把它們保護在羽翼之下，不受任何侵害。這個行為，是母親天生對孩子的無盡慈愛。小鳥可以完全依賴著它們的母親而存活，甚至當遇到危難時，母親也願意犧牲自己的生命去保護她的孩子。

動物世界的母愛是如此，更何況人類的父母！我們的父母給我們付出的愛與辛勞是無限的。從無始以來，我們的生命輪迴次數是不可計量的，每一個眾生都曾經做過我們的母親，都於我們有大恩德。當我們認識到這一點，就會對所有眾生產生一份強烈的感激之情。同時，我們看到我們的父母各自在六道上感受各種痛苦，因此我們要想盡辦法讓他們離開痛苦。

大乘佛教認為，帶領眾生獲得最好的利益，就是度他們成佛。然而，為了達到這個目的，首先自己必須具有佛的能力。如此思維後，我們體會到要度化一切眾生，首先自己應追求成佛。這種思想是大乘佛教中的菩薩心。

菩薩萬行的綱領——六波羅蜜多

佛陀在大乘佛教中還詳細宣講了成佛之道——菩薩萬行。其綱領就是六度，也稱為六波羅蜜多。

佈施：對財產有貪婪和吝嗇是今生和來世讓人變得饑渴、貧窮的根本因素。所以佛法要求人類在獲得財富後要量力而行，佈施給眾生，濟貧救苦，回報有情世界，即佈施波羅蜜多。

持戒：假如對自己的生活沒有倫理道德的約束，糜爛的生活會導致人類的墮落。所以，佛法要求人類在良好的規矩和約束中生活，即持戒波羅蜜多。

忍辱：憤怒和嗔恨心是利他的根本摧毀者；包容是菩提道上的最大苦行，也是最大的福德。所以應當去除嗔恨，慈心關懷包括敵人在內的每一個人，即忍辱波羅蜜多。

精進：懶散和怠惰是成就任何世間和出世間事業的障礙。所以，應該為正道付出不懈的努力，這種頑強意志即精進波羅蜜多。

禪定：心的散亂和精神不集中的過失會引起一切力量

的退失。練習心靈高度集中專一，是產生洞察力智的特殊因素。所以，培養心的專一，即禪修波羅蜜多。

智慧：正確的決策才是解脫煩惱的直接方法，沒有智慧就無法擺脫無明和執著的束縛。所以，培養抉擇實義的洞察力智，即智慧波羅蜜多。

我們上面所論述的這些佛法中的思想和要義，不一定是下輩子才會獲得果報。如果我們用上述方式修持，對待他人，也許我們今生就能受用到、感受到幸福美滿。這不僅僅能為個人帶來快樂生活，也能化解人與人之間的仇恨敵對，創建和平從容的環境。所以，在佛法中能找到拯救人類的良方。佛教徒無論修持任何法門，基本上都是心存善念，關懷他人，這樣才能得到真正的快樂和有意義的人生。在學佛的道路上要獲得受用，貴在實踐。光聽會說是不夠的，必須要經過聞、思、修，如法修行，專心一意，念念相續不斷。

何時心靈轉化好了，一切美好就會隨之而來。

2004年於深圳

對修行人而言，痛苦是菩提道的助力和功德的源泉。……對生命的貢獻，痛苦的確大於快樂。

抉擇正道

六

生活在世上的每一個人，天性都是渴望快樂的，誰都不希望與痛苦為伴。但是大部分人都認為自己的人生經歷是苦樂參半的，甚至是痛苦多於快樂。這是為什麼呢？我們又如何轉苦為樂呢？

在佛教觀點裡，痛苦和快樂的根源都是自己，也就是說痛苦和快樂都是源於自己的思想和行為，不是別的神或人加之於你身上的。既然痛苦和快樂的根源都是自己，那麼在客觀上自己完全可以決定自己的痛苦和快樂。

佛陀傳法時將用於解決人生問題的方式概括為四聖諦：苦、集、滅、道，這四聖諦說明了痛苦和快樂的因果。

佛教的基本因果觀是"善有善報，惡有惡報，因果不亂"。所以，想讓自己將來快樂，現在就要規範自己的思想和行為；若我們的思想和行為做到純善，那麼我們的將來一定是非常快樂的，就像種瓜得瓜、種豆得豆。

下面探討一些佛教的冥想式修心，以助諸位減少煩惱。我的這個思考源自寂天菩薩的"智慧眼光斷除痛苦與煩惱"。寂天菩薩這段話的意思是，用智慧的眼光斷除痛苦和煩惱。在佛學經典裡精細而有效的修行方式非常多，但是需要專

抉擇正道

門的時間去修學。諸位大多數都不是專業修行人，所以，我下面講一些在日常生活中就能使用的冥想式修法。

苦樂的本質

　　人是在五蘊的聚體上假名安立的，痛苦、快樂、不苦不樂為人的受蘊，這三種受蘊包括一切感受。苦樂是感受，因此痛苦和快樂不是存在於物質之上，而是在精神的領域裡。所以，我們內在的思想態度絕對可以影響我們的生活。這也是冥想式修心能夠起到作用的原因，也是它存在的意義。

逆境不等於痛苦

　　通常，人們不去辨別逆境和痛苦的不同，所以，逆境也就加倍地增加了人生中痛苦的感覺。因此，我們要明白我們所遇到的挫折：如生存困難、身體疾病、生意失敗、競爭落選、朋友背叛等等，如果你將這些都視為痛苦，那麼你的人生就註定在痛苦中度過。如果你能覺悟到逆境不等於痛苦，能用平常心去面對上述的每一件事情時，逆境再也不會讓你無止境地痛苦下去。

改變放大痛苦的習慣

痛苦沒有絕對的大小，但為什麼我們在生活中會感受到幾乎讓人崩潰的巨大痛苦呢？這是因為我們將注意力集中於所受傷害的痛苦上，這種注意力的集中就會不斷地加深痛苦的感覺，從而放大自己的痛苦，最後導致精神狀態的崩潰！

當你遇到不如意的事，無論是人為的或非人為的，如果你習慣將其視為痛苦，那麼即便是一個小小的挫折，也會帶給你極大的心靈痛苦，而快樂也許終你一生都沒有機會再次生起。相反，如果你深切地領悟到生命中的無邊痛苦，其實主要是源於我們自己的分別心時，你的心就會變得強大起來，也將足以戰勝很大的痛苦。

學會順其自然

在我們的人生經驗中，我們總是很自然地把好事和壞事對立起來，而且也會把壞事和逆境不加思考地認定為痛苦。這種習慣其實是自討苦吃，它會讓我們苦不堪言。

如果我們想要改變這種狀況，就要認真地分析自己的生活經歷中什麼是好事，什麼是壞事。通常，我們會簡單地認為順著自己的希望發展的是好事；而不能如願以償就是壞事，也就會讓自己非常痛苦。

今天我們換一個方式去反觀自己的生活經歷，用理智去分析和判斷，我們會發現結果真的是不一樣了。我們肯定遇到過不能如願的時候，而後卻發現其實沒如願卻有另一個更好的結果，雖然當時也感到很難受。

這種情況我相信每個人都經歷過。所以，要在生活的經驗裡找智慧，要用覺悟的眼光透視眼前和未來，那麼原本讓自己痛苦的很多事情再也不會困擾到自己了。當我們面臨問題或者困難時，如果有可能改變，就要儘快去改變，沒必要痛苦；如果改變不了，痛苦也沒有意義。當我們改變不了問題時就改變心態，這就是順其自然。

痛苦對於生命的貢獻大於快樂

這裡所講的"痛苦"是廣義的痛苦，它包括失敗、離去、侮辱、毀譽等等。我們可以想一想，其實人類的進步都是因痛苦而產生的。如果沒有痛苦，人類的今天就沒有科學的發展，而作為個人也就沒有生命的價值和意義。我們很容易發現，全世界的偉人都有著比尋常人更多的痛苦經歷。能承擔多少壓力，就能成就多大的事業。

對修行人而言，痛苦是菩提道的助力和功德的源泉。經歷過痛苦的人，才能生出永恆超越痛苦的出離心；經歷過痛苦的人，才能也才會找到究竟的依靠處；經歷過痛苦的人，才會愛他人勝於自己；經歷過痛苦的人，也才會降伏自我傲慢，虛心累積一切功德，因為痛苦也可以消盡過去的一切罪過。相反，如果我們一味地快樂，始終沉醉在平庸的生活裡，那麼也就永遠無法超越生命的極限。所以，對生命的貢獻，痛苦的確大於快樂。

抉擇正道

一切皆是因果，不必徒勞憂慮

我們總為擔憂未來發生的事而失去快樂；總是在考慮將來要成就什麼或者要獲得什麼；或者總是在憂慮將來會失去什麼。這種期待和憂慮佔領了全部心靈，沒有一點真正的寧靜和喜悅。

為什麼我們會這樣呢？因為我們不懂因果，也不信因果。一個人不信佛教沒關係，沒有宗教信仰也可以，但是不可以不相信因果。不信因果會導致希望和行動背道而馳，離目標越來越遠，也必然會徹底失去快樂。

什麼是因果呢？因果就是影響我們生命的真正因素。今生我們身上所發生的這一切，既不是上帝創造的，也不是上天安排的，都是由因而生的果。這個因就是前世的思想和行為。前世思想和行為的善惡決定了今生的好壞遭遇。同樣，此生的思想行為也決定來生的苦樂結果。如果再細化，每一個瞬間的思想行為會影響下一個瞬間的生命狀況，生命就在這樣的一個因果鏈上延續，這就是因果輪迴。

在這個因果鏈上，因果從來都是決定好的，也叫業果決定。善有善報，惡有惡報，因果不會錯亂。因此，業果是自作自受，不作不受，別人也無法代受。同時，別人的業果也不會發生在自己身上，也不會產生自己未曾造業的結果。所以，因果非常公平。

此外，業果不會半途而廢。如果造了這個因，這個結果無論間隔多長時間定會受報。我們每個人身上本該發生的事，無論如何也沒法躲開，而不該發生的事自然也就不會降臨。因此，我們沒必要著急，也不需要擔憂。

同時，從業果增上的角度來看，我們的業力就像高利率的貸款，天天在增加。而痛苦只是在償還應還的債務，現在的小痛苦可以避免將來的大痛苦。所以，要運用智慧把痛苦轉換為修行，以消除更多的業障，將來的前途定會是光明的。

無論是我們修行人還是世俗人，只能接受順緣，無法轉換逆緣，如果始終處在希望和失望的憂慮當中，說明我們自身的修煉還不夠，那麼我們處處都會感到痛苦。有朝一日，如果我們將順緣、逆緣都視為好緣時，我們便再也不會因外境的變化而苦惱。而且，也會隨著心的自在而感覺所有環境都非常美好！

抉擇正道

諸行無常，沒有過不去的坎

有很多人會崩潰在困難之下，也有很多人在痛苦中不能自拔。原因何在？因為很多人把痛苦太當真了，故而始終沉緬於痛苦之中，視痛苦為不能逾越的鴻溝。其實，諸行皆為無常，痛苦也一樣，每一瞬間都在變化，既然會發生，便也會很快消逝，沒有永恆的痛苦。

改變痛苦的最好辦法是用平常心去面對眼前的問題，同時要改變造成惡業的思想和行為，這樣一切痛苦皆會減少，直至窮盡，這也是菩薩之道。菩薩和凡人的區別就在於菩薩怕因，而凡人怕果。菩薩不怕痛苦而怕造惡業，因此，菩薩戒惡行，結果自然痛苦不生；凡人正好相反，怕痛苦不怕造惡業，惡劣的思想和行為始終不變，致使終究無法從痛苦中解脫。雖然說沒有過不去的坎，但是惡行或者虧心事做多了，這個坎必然是欲過不能啊！所以，相信因果，生活中懂得自律才是永久的平安大道，切記為要！

得失均像三更夢，放下執著便自在

　　《金剛經》說："一切有為法，如夢幻泡影，如露亦如電，應作如是觀。"這句話就是說：我們周遭所有的這一切都是因為我們有無明煩惱而產生的，而本質上並沒有任何一樣東西是實質存在的。

　　由此我們知道，一切得失也就像三更的夢境一樣。

　　舉個例子，大家就會更加理解為什麼得失像三更的夢境。一位未婚的姑娘夜裡做夢，她夢見自己生了個漂亮男孩兒，姑娘很高興，可她沒有醒，夢也接著做下去了。她又夢見自己生的漂亮男孩兒生病死去了，她非常痛苦。這個時候天亮了，姑娘醒了，她醒來的時候發現昨晚那些讓她高興和痛苦的一切都只不過是一場夢境而已。她沒有因此而高興和痛苦，而是又很快投入到新的一天的生活中了。

　　有一天，當我們從無明的惡夢中醒來的時候，我們會發現二元對立的世界原本就是平等大同的世界。我們所經歷的一切苦樂，只不過是一場漫長的夢境而已。沒有真正的苦樂得失，不需要期待，沒必要擔憂。

　　　　　　　　　　　抉擇正道

在甚深、寂靜、光明、無為法的本性中，生命自始至終都是永恆自由自在的。

轉有限的快樂為菩提道

我們生命中所得到的快樂：巨大的財富、健康的身體、較長的壽命、受人尊敬等等，這一切不僅僅是依靠今生自己的努力所能獲取的，這都是因果。今生的努力是外緣或者可以理解為外因，前世的業力是內因，因緣俱全才會有今天這個結果。

我們要深信生命中的任何一點快樂和幸福都是業果，而且是善業的結果。如果我們今生有較好的命運，但是我們只顧享用，而不去再種善根，很快就會將善根竭盡，自然也會窮盡好的命運。所以，要認識福報的來源，要知道以福報去再造更多福報的重要，更要知道珍惜福報。貪婪、奢侈和浪費是消耗福根最快的方法，

也是毀滅快樂的最直接根源！所以，從善、節儉、勤勞、利人等優良的生活和生存方式，以及將自己的幸福生活或者快樂的時光轉化為菩提道的修持，是極為重要和有意義的。

冥想式修心

　　一些佛教經典裡有冥想式"修心"方法，這些方法很重要，要在生活中經常練習。如果沒有經常練習，當我們真正面對煩惱和痛苦時，就很難見效。如果經常去練習，我們內在的力量就會逐漸增長，久而久之就能夠戰勝內外的一切煩惱和痛苦。

　　根據歷代的傳承和教授，應該首先從微小的痛苦開始起修，慢慢就能轉化較大的痛苦。最後除了能對痛苦及不幸泰然處之之外，更能從生命的興衰起伏中獲得安樂。因為我們知道，外境是否能帶來快樂，完全是由內心修行的境界決定的。

　　當內心的修煉到了一定的境界時，內心便不再受外境的干擾，心胸因而會變得很寬廣。此時沒有任何憂慮，痛苦也會自動地銷聲匿跡。

　　簡言之，有智慧的人因為明白所有的快樂與痛苦皆源自於心，故而從心的本身去尋求快樂。有了這種領悟，無論任何時候都會快樂，任何逆境都能不為所動。而愚蠢的人則不在自心上用功夫，卻完全以追求外物的方式來欲求快樂。因此就會隨波逐流，隨事態瞬間變化而起伏，最後也總是以沮喪、痛苦而告終。

所以，即使我們的生活中有了較好的物質條件，也很需要有內在的修煉。而修煉是需要恰當的方式才能行得通，也才能行之有效。練習冥想式修心方法，一定能解決一些內在的煩惱和痛苦。

祝大家一切吉祥，菩提上進！

2005 年於深圳

抉擇正道

"皈"即是回歸，迷途知返的意思；"依"是依靠、依止。眾生知迷求覺，以佛、法、僧三寶為依怙，叫做"皈依"。皈依好比被狗追趕的小孩，投奔母親的懷抱中求得庇護一般。

抉擇正道

七

為什麼要皈依

　　人類在其有限的生命歷程中會遇見很多困惑，光依靠自己的能力是無法解決的。所以，自古人類就力圖尋求各種依靠之處來保護自己，並且建立起種種信仰和宗教。但是，認真思索之後我們會發現，人們更多地依靠於佛、法、僧三寶，似乎沒有更好的對象能夠圓滿解決我們的多種問題。

　　要了知這一原因，首先要了知我們生命的存在規律：人類的存在不同於純物質的存在，人是"身體"和"神識"的結合體，"身"作為"識"的依存，在人的壽命竭盡之前，與"識"共同感受所有的喜怒哀樂，一起面對生老病死、怨憎會苦、愛別離苦、求不得苦、不欲臨苦等一切。一朝壽命終結之時，身、識分離，身體入土回歸大自然，而"識"卻不會與身體一同消亡或敗壞，也不可能長眠在墳墓或寄生於靈位中，以圖在清明節裡享用後代子孫們的供養。善惡業力之風強力驅趕著"神識"快步走入下一個生命歷程的開始。

　　至於會轉生為什麼樣的生命層次，完全是靠自己所積

　　　　　　　　　　　　　　　抉擇正道

累的往昔業力決定，而金錢、權力、人際關係，還有所信仰的神祇、皇天老爺，以及上帝、救世主等都無能為助。所以佛陀說："自己是自己的救護，除了自己之外沒有究竟的救星"。

雖然業力有所不同，再次的輪迴或許是地獄身、餓鬼、傍生、非天、天，或許是人，但除此六道之外也別無其他去處，如果不能獲得究竟解脫，將永遠持續輪迴。因此，佛經裡把輪迴比喻為水車運行的狀態。

回顧過去，自無始以來我們的生命就這樣在六道中輪迴，一生接著一生。生了又死，死了又生，反反覆複遭受著三苦的殘酷折磨，毫無片刻的安寧與自由！

然而，這些連續不斷的輪迴苦難不是無緣無故發生，也不是偶然巧合，更不是神靈的懲罰，這一切皆來自於自作自受的因果業力。"業"是自己的思想與行為。"業力"是過去的思想與行為所決定的現在命運；現在的思想行為又將決定未來的生命狀況。業分為善業、惡業，貪嗔癡所引發的思想和行為是惡業，反之則是善業；惡業導致輪迴中的痛苦，善業獲得輪迴中的快樂。

如果不皈依佛、法、僧三寶，眾生則會因無明所致的愚昧而不知正常的因果取捨，願望與行為背道而馳。在遭受極大的痛苦之時，又將繼續製造未來產生更多痛苦的因素，始終攪擾在惡性循環裡，難以自拔！在這樣的生命狀態裡有誰能解救眾生？我認為佛、法、僧三寶是唯一的依怙，因為佛陀是曾從輪迴中獲悉解脫之人，他熟知解脫的途徑。因此，皈依三寶，將使佛陀成為我們的導師，法成為我們獲得解脫之道，僧成為提攜我們的道友學長，並且能清楚了知善惡因果取捨之理，從而獲得人天之果，並逐漸斷除輪迴之根——俱生無明，以及所有內在的煩惱執著，最終圓滿正等正覺無上佛之果位。

皈依的含義

"皈"即是回歸，迷途知返的意思；"依"是依靠、依止。眾生知迷求覺，以佛、法、僧三寶為依怙，叫做"皈依"。皈依好比被狗追趕的小孩，投奔母親的懷抱中求得庇護一般。因此，將畏懼三界輪迴痛苦，投靠佛、法、僧三寶求得庇護的行為定義為皈依。

佛經中說："畏懼之人有些皈依山，有些皈依森林，還有些皈依大樹，然而這些均不是能庇護的皈依處，因為皈依這些不能擺脫根本的苦難。"以此類推，投靠領導、信賴錢財、買保險、食用保健藥物乃至求神保佑之類都沒有皈依的功效。因為每個人在生命輪迴中面臨各種險難之時，除了佛、法、僧三寶之外，沒有任何能夠靠得住的依怙。所以，有智慧之人會在畏懼自他輪迴的各種痛苦之時，毫不猶豫地皈依於殊勝的佛、法、僧三寶。依據以上標準而言，也只有在佛教中才有皈依，別處則無。

因此，阿底峽尊者說："外道內道皈依別"，皈依佛、法、僧三寶者為內道，不皈依三寶就是外道。

皈依的基礎

一切正法的實修都以具備皈依為基礎而開始建立的，若無皈依，正法的存在就成了空中樓閣，無論如何精進都是徒勞。

那麼皈依的生起和建立需要什麼樣的條件呢？

皈依的基礎是信心，具備信心而皈依就是自然而然的事。

信心與信仰的含義基本相同。某人對某種宗教建立起信任感，這就是所謂的信仰。所有宗教都講信仰的重要性，佛教也不例外。但是佛教所要求的信仰不是盲目的迷信，是要求依理而智信。

通常佛經中將信心分三類：清淨信、欲樂信及勝解信。當我們在不經意間進入莊嚴的佛寺，或者見到某位德高望重的高僧，或是聽聞了一些佛菩薩的傳記之後心中突然充滿歡喜的感覺，這就是清淨信心；瞭解到輪迴的痛苦和解脫的功德後，產生棄暗投明的願望，以及了知善惡業力的功過後發起斷惡從善的決心就是欲樂信心；深刻認識到佛、

抉擇正道

法、僧三寶所具有的殊勝功德之後，從內心深處對佛、法、僧三寶產生不可動搖的信任感，這種信任是有足夠的理由來解釋和支撐的，所以稱為勝解信。

佛教一貫主張所有信眾在信仰前應先認真觀察、瞭解清楚，找到可以相信的理由之後再行皈依。

現實中有些人具備了勝解信心，從而迫切地皈依了三寶並進入佛法的實修軌道上，這種人在佛法裡能夠獲得最圓滿的結果。另外有些人只願意信仰，但不接受皈依，這種人或許在佛法裡可以獲得一些身心調整和精神的寄託，但得不到殊勝的功德，就好比是始終徘徊在門外的流浪漢無法感受到家的溫暖一般。如果自己希望得到更多的加持與保護，首先要培養對三寶的勝解信心，雖然佛、法、僧三寶沒有親疏之分，但是被加持與保護的感應是隨著自己信心的差別而發生的。培養勝解信的方法：一是通過聽聞佛菩薩的傳記，學習佛教的基本理論知識，並且冷靜觀察與思考；二是積累福德資糧，消除種種業障。

皈依的類別

皈依的類別，現實生活中實在是繁多。

舉幾個常見的例子：有些人的皈依是因為在現實中缺乏安全感而尋求依賴；有些人心裡空虛而尋找精神寄託；有些人是懷有升官發財的投機心理；有些人甚至企圖通過皈依來逃避懲罰。由此看來，大多數人都是為了求得自己與家人平安與健康去皈依佛門的。但是，依照佛經的標準來判別，這類皈依都不屬正確的皈依，假如自己皈依的動機相似於這些案例，那就需要進一步改良皈依的發心。正統的皈依分三類：小士道的皈依、中士道的皈依、大士道的皈依。

如果是因為畏懼三惡趣的痛苦，希求獲得人天的安樂而皈依三寶，這是小士道的皈依；如果看清了無論善趣還是惡趣都離不開痛苦的籠罩，為了擺脫輪迴的一切痛苦，獲得寂靜涅槃的結果而皈依三寶，是中士道的皈依；如果發現沉淪在輪迴苦海中的所有眾生都曾經是自己的父母，為了將他們從輪迴苦海中解救出來，安置於究竟安樂的結果而皈依三寶，就是大士道菩提行者的皈依。

作為大乘佛教的追隨者，應當以大士道的發心接受皈依，因為即便來生轉投到人天善趣，同樣也會面臨各種痛苦與欺騙，最終還可能墮落到惡趣，所以，不能以小士道的方式皈依；如果完全不顧生命輪迴中曾給予自己無限的愛與養育的眾生，只願獨善其身，做一個自證自了的阿羅漢，也不是大丈夫所應該做的事情，所以，也不應該用中士道的心態皈依三寶。

在大乘佛經裡關於大士道的皈依可分為兩類：即因皈依與果皈依。

因皈依是皈依外在已成就的佛、法、僧三寶。

具體內容為：了知三寶的功德後決心將佛陀作為自己的導師，法作為自己離苦得樂的途徑，僧作為修道過程中的道友學長。而對果皈依的看法上，顯宗與密宗有所不同，顯宗認為果皈依是立誓要實現圓滿正等正覺果位的願望，其意義基本與願菩提心相同；密宗認為眾生除了被外來的客塵蒙蔽以外，其本身即是清淨的佛陀，為了顯現本有的佛性，從此決心實修簡便快捷的密法竅訣，此為密宗的果皈依。除此之外，密宗裡還有外皈依、內皈依、密皈依等的區分與修法。但在此處不做詳細介紹，有興趣者應該認真聽聞有關密乘經典。

皈依的本體

"皈依的本體"含義很可能是很多自認為是佛教徒的人都沒認真思考過的問題，所以，他們的皈依就變成了一種"皈依相"，沒有真正的意義。這是需要謹慎對待的問題！

皈依的本體：為了從充滿恐懼與厭憎的輪迴中得到解脫而立誓將佛、法、僧三寶作為究竟的依靠處，即是皈依的本體。是否具備皈依，要看自己的內心裡是否有這樣的決定心，若有即是皈依三寶之人，若沒有，即便是很隆重地傳授了皈依戒、領了皈依證，也只能算做"皈依相"。因此，根巴堪布說："認識到皈依的本體是'立誓'與'承諾'，是非常重要的"。立誓：以語言誓言作為內心深處的決定；承諾：以語言承諾佛、法、僧三寶為自己的依靠處。

在善知識座下接受皈依時，要立誓承諾以佛陀作為自己的導師，從此不再依止外道的導師；立誓承諾將佛法作為自己的解脫道，從此不去接受非佛法的外道或邪論；立誓承諾將僧作為自己的道友，從此除了僧寶之外不再與外道信徒究竟為伍。接受皈依戒以後，不論什麼時候都要有這樣的決心，有此決心才能成為真正名符其實的三寶弟子，從此任何時候都自然增上功德，獲得加持。

在此特別需要提醒的是，如同經中說：“無上導師為佛寶，無上救護為法寶，無上引領為僧寶”。凡夫所求的真正解救與保護者是法寶，但是，要得到法寶的救護必須要如法行事。

釋迦牟尼佛說：“我只能為你們宣講解脫的方法，至於能否解脫還得要看你們自己”。釋迦牟尼佛還說：“眾生的罪過無法用水洗滌；痛苦也無法用手挪走；佛的證悟也不能移植給別人，佛唯有宣講法性寂靜而度人”。所以，要想從痛苦中得到解脫，必須要聞、思、修正法來改善自己，途徑只有這一條。譬如：有人不願意接受懲罰，就不應該去犯罪，其次還要知道法規。同樣道理，作為佛教徒，首先要通過聞思佛法瞭解因果取捨的道理，接著依教奉行才能獲得究竟的安樂。

總之，皈依法寶就是自己要修正法，要修正法必然需要導師，於是就應皈依佛寶；在漫長的修道過程中，若沒有道友的提攜，自己孤身一人是很難順利通關的，因此，要皈依僧寶。另外需要明白的是，對沒有值遇佛陀的人來說，僧寶也代表佛陀，並且能夠用佛法引領眾生趨向菩提大道。因為這個原因，密法裡特別強調上師的重要性及特殊的功德加持。

皈依佛、法、僧三寶的結果是求得它們的智慧與力量；同時要皈依自己，發揮自己的潛能，最終實現自身的佛、法、僧三寶才是最究竟的皈依。佛說："別人無法拯救你，只有自己才是自己的拯救者。只有自我拯救，才能解決根本的問題；往外尋求拯救者，是解決不了問題的"。

皈依的對境

　　佛教皈依的對境，不同於其他宗教的崇拜偶像。很多宗教所崇拜的神，其本身存在與否還有諸多值得商榷的地方。但是，佛教裡所皈依的對境，是歷史上有跡可循的人天導師釋迦牟尼和他所具備的智慧以及追隨他而有所證悟的弟子。

　　一個發心追求無上正等正覺的人，應該在皈依佛陀之外，還要皈依法寶和僧寶，缺一不可，所以，就要皈依佛、法、僧三寶了。

　　既然要以三寶作為皈依的對境，就需要在皈依之前充分瞭解和學習三寶的特質及功德是非。對於有條件的人，可通過認真學習《究竟一乘寶性論》或者類似的經論來通達以上道理。

　　在這裡也可以簡單介紹一下佛、法、僧三寶的大概含義。

　　什麼是佛寶？佛是斷證功德圓滿者。如何是斷證圓滿的呢？"斷"表示佛已經徹底從根上剷除了一切眾生所具有的全部弱點（煩惱障與所知障）；"證"表示佛已經證悟了諸法的究竟實相（內在的認識完全符合於宇宙、人的真理），便是斷證圓滿。

依照中觀派以上的經論安立道次第方式來講：首先所有的眾生都具有佛性，因此，所有的眾生都有成佛的可能性。但成佛的前提必須要修道，沒有不修行而成佛的案例。

修道的過程是循序漸進的，大乘的修道從發世俗菩提心開始，修資糧道的過程及加行道的過程是凡夫子的修道，在這兩個過程中沒有真正的斷證功德。修行進入到見道，即是登上了聖地。因為有三種不同種姓的人在追隨佛陀修道，其結果也有了相應的差別。

聲聞與緣覺的修道者修達見道之位時，證悟了膚淺的法無我及完整的人無我，從而斷除了業障及遍計所執的煩惱障，但沒有斷除所知障及習氣障，之後，他們繼續在修道中次第修成四向四果的階段性成果，最終成就阿羅漢的果位。

作為菩薩，見道中證悟了諸法的寂靜法性諦，頓然斷除遍計所執的障蓋；隨後又在通往十地的修道當中，隨著相應內在證悟的增上，逐漸斷除煩惱和所知障，等到登上菩薩第八地時，就完全斷盡了所有的煩惱障，之後的清淨三地中又會斷除剩餘的所知障，最後到達十地，末以金剛喻定斷盡最為細微的習氣障而登上無修道——圓滿正等正覺佛的果位。

只有經過這樣的圓滿過程，才算是成就了一位三界眾生的依怙、偉大的無上導師，堪為眾生皈依的對境。至於佛陀的四身五智事業以及功德等等，在了義的佛經中都有詳細的介紹，通過學習這些經典瞭解並培養堅定的信心，對於皈依者是極為重要的。

什麼是法寶？證悟諸法實相（法性）的智慧即是法寶。

法寶分為兩類：滅諦及道諦。

滅諦是指原來眾生的心中存有煩惱以及所知障，通過修道已獲得清淨的部分為滅諦；道諦是指能夠剷除產生煩惱障以及所知障來源的智慧。

從有所證悟到圓滿證悟的過程中，自然有不同層次的法寶來對應。滅諦及道諦同屬於證法，證法的修證來自教法，所以法寶也分教法與證法。教法是佛祖所宣說的八萬四千法門，概括為十二部經教，再概括為經律論三藏經典；

證法為戒定慧三學。法寶中要獲得更多的意義，重在正確地理解和認真地付諸實踐。

什麼是僧寶？從有所證悟到圓滿證悟之前（不包括圓滿證悟的佛）的修道者為僧寶。主要有菩薩道地上的僧寶以及在四向四果中的小乘聖僧寶。雖然菩薩及阿羅漢都不是獲得究竟果位的佛陀，但是，他們都有不可思議的功德及力量，引領眾生獲得暫時與究竟的安樂之道，所以，僧寶也是皈依的對境。如果想要詳細瞭解，閱讀《十地經》、月稱菩薩的《入中論》或者彌勒菩薩的諸多論典都可。

此外，在小乘的教法中有這種闡述：聚集四位比丘以上的僧團為僧寶，僧寶的條件不一定是已證悟法性者，只要是僧團即是僧寶，也是皈依的對境。

何為寶？

那麼為什麼稱佛、法、僧為寶呢？

彌勒菩薩在《寶性論》中說："少出現故無垢故，具勢力故莊嚴故，殊勝故及不變故，以此六因稱勝寶"。

一為稀有難得：在這個世界上，雖然人人都有佛性，但是，真正能成就的人寥寥無幾；

二為無垢清淨：三寶的內在是覺悟、解脫的品質，遠離了所有的染污及有漏的痛苦；

三為具有勢力：三寶具有強大力量，可以化解一切煩惱、執著，當生命內在得到三寶的加持時，困擾當下瓦解，就像雪花落入火爐一般，立刻消融得無影無蹤；

四為莊嚴：三寶能夠淨化心靈的各種煩惱，因為內在得到清淨，世界自然清淨莊嚴。除此之外，三寶本身也蘊涵了無盡的功德，十方諸淨土的清淨莊嚴，正是因佛菩薩的清淨而顯現清淨剎土；

五為殊勝：三寶的殊勝清淨無漏，而且能夠擁有化解一切煩惱的能力，因此極為殊勝；

六為不變：這個因為各種煩惱及條件而產生的世界充滿了變化和不穩定，內心的想法和情緒更是變化不定，因而，生命只是混亂無安、漂泊不定的狀態，而三寶的本性超越變與不變的概念，法性本來恒常寂靜，而且法性不動的境界當中遍知一切、悲願無盡。

因為具備這六種特質，所以稱為佛寶、法寶、僧寶。

皈依的儀軌

進入佛門的第一步即是皈依三寶。接受皈依也有皈依的傳統儀軌，決心皈依時一定要依照正確的儀軌皈依。

皈依有身與心的條件：

一、身的條件：依照佛經觀點不只是人類，天、龍等眾生都可以皈依。

二、內在心的條件：皈依者要具備不傷害眾生的良心與慚愧之心以及對三寶的信心。

有這樣的條件者尋求皈依之時，依照皈依上師的引導進行初、中、末善方式接受皈依，即是皈依的儀軌。

傳授皈依者要具備三個條件：

一是自己具備清淨的皈依戒及能夠放下世間名利的出離心；

二是具備傳授佛法的知識以及掌握有關傳授皈依的儀軌；

三是無貪圖獲得利益以及禮遇之心和偽裝的行為，而且具有利他的慈悲之心。具備這三種條件，可以認定是傳授皈依的合格上師。

皈依的儀軌：

受皈依者先頂禮而安坐，傳授皈依上師首先講解皈依戒的重要性及功德，皈依時應該注意的有關事項。其次皈依者依照皈依的儀軌：發心從此直至證悟大菩提前，上師接受我為三寶弟子"，重複三遍，同時要確認自己已獲得皈依戒（傳授皈依的具體儀軌有很多種，無論哪一種都可以，最好皈依時要清楚所傳的內容）。

最後，上師要對弟子講清楚皈依後的注意事項。就此圓滿皈依儀軌。

皈依的修法

皈依的實修方法：雖然從皈依開始自己屬於具有皈依戒或者法的三寶弟子，但這不等於皈依圓滿。圓滿了皈依也就是圓滿了所有的佛法，因此，自皈依開始就進入了修行的過程，這一過程的第一項修法也無疑是皈依法了。修法必須要以入座與出座結合的方式去進行。

入座修法的開端要準備好所有的事情，保證座間不會有干擾發生。其次，發心為了度化一切眾生而去修皈依，然後開始觀想皈依境。修皈依的初級階段需要一張標準的皈依境唐卡放在前面對著唐卡觀想，直到沒有唐卡也能在腦海裡清楚地觀想出皈依境為止。

具體的觀想方式：在此處我講解一下天法掘藏大師門吉多基的《大圓滿掌中佛前行》皈依境觀想方式。

觀想皈依境為：於自己的前方，有一充滿八功德之甘露大海，海岸上佈滿了新發芽的植物與金沙，各類水鳥唱著悅意的旋律。

此外，有各式各樣的珠寶以及各種香花遍於四周。在海的中央有藏文"BAM"（音"榜"）所化成的一棵蓮花樹，其廣大的枝葉與花瓣向十方盛開，其果具有八吉祥等各種奇珍異寶，其上方有各種珍寶組成的四片花瓣，花瓣上各有寶座，中央的寶座蓮花月輪上有自己的根本上師無二無別的法身普賢王如來，身體藍色，結定印，金剛跏趺坐，與普賢佛母無二雙運。周圍有五方佛與佛母，以及金剛持佛與佛母等無數報身佛與佛母環繞，在其上方的虛空中有如來密意傳承、持明表示傳承、補特伽羅口耳傳承的所有上師、印度八大持明、西藏王臣二十五位及一百零八位持明掘藏大師，皆裸身並以六種骨飾為莊嚴，手持鈴鼓，身穿著象皮衣與虎皮裙，在表現遊舞的狀態中加持具善緣的信眾；其右邊的寶座上為本師釋迦牟尼佛，周圍環繞有過去七佛及賢劫一千零二佛，全部為化身佛相，身穿三比丘衣手結定印，三十二相八十種隨好光輝燦爛；在後方的寶座上安置著所有三藏六續部的經典，特別是大圓滿密續六百四十萬部經藏，形成法本經函之相，五色布包裹，前方垂著金色書簽；其左邊的寶座上，蓮花生大師現比丘相，右手結無畏佈施印，左手持缽盂，圍繞八大親近佛子、十六菩薩等所有道地上的菩薩以及八大聲聞、十二緣覺、聖者十六長老、六億四千萬阿羅漢等大小乘僧眾聚集，所有菩薩均為天子之相，絲綢及珠寶裝飾，聲聞眾剃髮赤腳身著三法衣；前方的寶座上，大悲觀世音菩薩，和其眷屬嘎、貢、普巴（"嘎"指修部八本尊；"貢"指上師意集；"普巴"指金剛橛本尊，是寧瑪派三大主要本尊）等六續部所有本尊圍繞。中間的空處有二十四境地的勇士空行，五種根波瑪寧（指智慧瑪哈嘎啦）以及四十五尊瑪哈嘎啦、吉祥天女君臣及化身一千零八尊，皆層層疊疊、重重無盡，如同雲層般集結成群，真實安住在自己的前方虛空之中。

再觀想自己的前面是仇敵、右邊為父親、左邊為母親、後面則是三界六道眾生，與自己一同恭身頂禮三寶，語恭敬念誦皈依偈，意恭敬憶念上師三寶的功德。如此觀想的同時念誦皈依偈。天法的皈依偈：「前方空中普賢佛，無量佛菩薩圍繞，普賢諸佛與佛子，一心專注我皈依」。或者念誦阿底峽皈依偈：「喇嘛啦加斯切沃，僧吉啦加斯切沃，卻啦加斯切沃，更登啦加斯切沃」。需計數念誦。

最後，將收座之時，觀想虛空之中的皈依境諸尊全部化光融入自身，使自己與一切眾生進入了三寶的護佑之下。

其次，修皈依的善根做迴向。

天法的迴向文為："善根迴向六道諸慈母"。或者念誦："我速以此善，成就三寶尊，願將無餘眾，安置於佛地"。時間允許，則念《普賢行願品》做迴向更佳。

出座後吃住行臥任何時候都不能忘失皈依的修行及三寶的功德。

以這樣的方式培養自己，待做到能夠自然相應於佛、法、僧三寶之時，即可在修法上獲得最終的成果。所以，在修道過程中特別是修行的初級階段，需要鼓勵自己勇猛精進地修法，萬不可懈怠疲遝而延緩修行！

皈依的學處

皈依後三寶弟子必須注意的事項為皈依的學處。皈依的學處分三類：即遮止的學處、奉行的學處及同分的學處。

遮止的學處有三條：

1. 皈依佛不能向世間鬼神頂禮（不皈依天魔外道）。這不代表佛教排斥其他宗教以及民間信仰，而恰恰表明了追求的結果不同。雖然在各種宗教裡面都有勸人向善以及它們自己的道理，但是，它們所講的內容對於求解脫的人來說不但沒有意義，還會擾亂修行的增上，所以，不能頂禮皈依天魔外道。須知，為了人類社會的和諧，在世界宗教大會上可以說所有宗教都沒有區別，但這與個人追求解脫的角度是不同的。

2. 皈依法不能傷害眾生。無論何時、任何理由，都不能傷害眾生，佛教沒有所謂"戰爭"的開許，即便是破壞到了佛法，佛教也不允許傷害眾生，這是佛教存在的意義及佛法的性質。

"不傷害"的含義包括了對眾生的生命、財產、尊嚴等，所以，不傷害包括了不殺生、不偷盜、不妄語及不邪淫。因為這些行為不但會傷害到眾生，同樣會危害到自己的解脫，所以應該要捨棄這類行為。而且，不傷害的對象，不僅僅是人類，而是包括昆蟲螞蟻等所有有情眾生。這樣做並非容易，但一定要儘量避免、克制殺生等行為。

3. 皈依僧不與外道同居。當今世界上無論是居住還是工作以及社交，都免不了與外道接觸，這種情況下如何不與外道同居呢？首先要清楚自己與外道不同的特點是在見地及戒律方面，如果與他們接觸的方式直接或者間接影響到了自己本有的見地及戒律，就是犯了與外道同居的戒律。特別是修行還處在初級階段的人更應該高度謹慎，不然會在似是而非的混亂中徹底耽誤和毀壞了自己的修行。

奉行的學處有三條：

1. 皈依佛，要恭敬佛像。不能妄加評論佛像的造像問題，不能販賣佛像佛塔，更不能損壞佛像以及佛塔。所有佛像佛塔都應視做真佛恭敬供養。

2. 皈依法，不但不能以販賣佛經謀利為生，而且不能惡意損壞。佛經不能放在不淨之處，要恭敬供養。

3. 皈依僧，不能誹謗僧人。雖然當今的僧眾當中良莠不齊，存在著各種看起來不如法的行為，但同時也要看到，雖然佛陀已圓寂兩千多年，可我們還有機會遇上佛法，這無疑是僧寶的功德。特別是在家居士更應該注意，不可妄加批評僧人，以避免無意間給自己造下惡業。佛說："僧人再差也比普通人強一百倍"。因此，我們應以清淨心來對待僧眾，恭敬頂禮。若有條件供養僧眾的生活，也是積累福慧資糧的最好方式之一，如果做不到，至少也應避免造不必要的惡業。

同分的學處有三條：

1. 皈依後要常常實修皈依，如果平常沒能做到不間斷修皈依，至少初一、十五等節日裡要修行。

2. 皈依後要常常培養飲食等供養三寶的習慣。

3. 無論任何時候，除三寶外不尋求其他依靠之處，誠心誠意皈依三寶。若生病等時，應將醫生、藥物都看待為三寶的事業而接受治療，虔心祈禱加持。同分學處三條還有另外講法，但此處依照《掌中佛前行》解說。

抉擇正道

皈依的功德

皈依的功德實在很多。佛陀說，皈依的功德若有形體虛空也不及其容量。如法皈依可以求得現世的安樂，也可以求得來世的安樂，更是可以獲得究竟的安樂。

功德綜合起來，約有八種：

1、成為佛弟子；

2、有機會可以獲得所有的戒律；

3、無論是人還是非人都不會損傷；

4、能淨除過去所積累的業障；

5、自然增長福德智慧資糧；

6、死時不會墮落到三惡趣；

7、能夠得到修道中的各種境界；

8、最終能獲得無上圓滿佛之結果。

總之，皈依能獲得世出世間的一切功德，因此，應該精進修持皈依。

至此，我自認為對皈依最簡單通俗的講解已經完畢，最後，誠心地發願，願每一位佛弟子都能清楚地瞭解到三寶的功德，不斷地增上對三寶的信心，心與三寶相應，使皈依的修法真正成為度苦海之舟的啟航，從此菩提道上穩步前進，最終實現超越生死苦海彼岸之自性三寶的結果。

願一切吉祥！

2010 年於香港

如果現在能夠為利益一切眾生而聞法修法，不但自利可以成辦，以後也必將成就佛果，就好比為了生火而點柴，火點燃後雖然不求煙，但煙也會自然產生。

抉擇正道

八

我將依照佛陀的經典，向有緣的同修們傳授淨土法門的一些具體修持方式。

　　這次的修持課程分為三個部分，即加行發心殊勝、正行無緣殊勝、結行迴向殊勝。

加行：發心殊勝

　　加行發心殊勝，是指若以發心為方便來攝持善行，會使善根的利益變得廣大。

　　發心大則善根大，發心小則善根小。如大圓滿成就者無畏洲大師說：「唯隨意樂善不善，不隨善惡相大小」。如果我們只是為自己的一己私利而拜師供養，聞法修持，這種發心較為狹隘，屬於小乘根基，不屬於我大乘教法所應度化的對象，其最高成就只能是阿羅漢果。若我們是為了一切眾生的利益而聞法和修法，這種觀念就屬於我大乘教法的廣大之發心。

　　我們從無始以來由於固守我執的原因，只會顧及自己的利益，結果生生死死，輪迴不已，受盡苦海之難。如果現在能夠為利益一切眾生而聞法修法，不但自利可以成辦，以後也必將成就佛果，就好比為了生火而點柴，火點燃後雖然不求煙，但煙也會自然產生。又如寂天菩薩說：「何需更繁敘，凡愚求自利，牟尼唯利他，且觀此二別」。

　　發心廣大的根本是源自於大悲心，而大悲心又需要緣一切有情而生起。

在無邊無際的天下，所有的眾生都曾做過自己的父母親，但由於我們不斷投生六道、流轉三界，且肉眼凡胎，以至於相逢而不識。

龍樹菩薩說："搏土成棗核丸雖然也可以數，然每一個眾生身為母親的次數不可盡"。如此了知眾生都會是我們的母親後，必須意念其恩德：一切有情無一不曾為自己的父母，無一不曾以大恩養育過我們。我們都能輕易憶念起此生母親對待自己的慈愛：懷胎十月，一朝分娩。母親在經歷徹骨的痛苦後，還要綿乾絮濕地精心哺育我們成長，以後又要為我們安家立業操心，希望我們只有快樂而無痛苦，真可謂舐犢之愛，至此極矣。此生的父母對我們的恩德是如此不可思議，可我們難道應該忘記了過去無數世父母的恩愛關懷嗎？看了《動物世界》等節目的人都知道，甚至連那些鷂鷹、狼、虎等兇惡的眾生也極為慈愛自己的孩子，並且為了子孫後代而不斷積累種種惡業，致使不斷處於種種苦難逼迫的六道輪迴之中感受痛苦。這是多麼可憐和令我們痛心的事情啊！倘若我們有辦法使他們擺脫那些痛苦、折磨該多好啊！以如此悲心修至淚水橫溢，也就是所說的悲無量。僅僅這樣思維，其功德也不可思議。

但僅有這樣的悲心還不夠，必須以實際行動報答恩德。

可是，我們的力量有限，並且尚在六道中反覆輪轉，又怎能去救拔他們……只有迅速獲證佛陀的果位，才能使一切有情得到安樂而真正報答其恩德。

因此應接著思維：我今如理修持阿彌陀佛法門，將來往生西方極樂世界，並且與那裡的菩薩們共同修持，待到圓滿正等覺果位時，便能夠將一切父母眾生安置於佛地。為了獲取這一能力，現祈禱上師三寶明知。如此發心，也會起到實現自己意願的作用。聞法、修法時都應念念不忘此理，若善根依此方便攝持，即加行發心殊勝。

正行：無緣殊勝

正行分二：依處、往生之因。

1：依處

第一、觀想西方極樂世界。

往昔，世間自在王如來在俱胝年中為法藏比丘宣說八百一十萬俱胝那由他佛的所有佛剎之一切功德莊嚴。法藏比丘將之銘記於心，並將所有剎土的莊嚴功德合而為一，以此在五個大劫中精進觀修，發願受持。之後，他又於數劫中積累資糧，圓滿道地，如今得以現前並名為極樂之莊嚴世界。

西方極樂世界以各種珍寶組成；大地無有高低坎坷之不平，平坦如鏡面；面積極為廣大，無邊無際，無有垢染；一切珍寶的光芒伴同著阿彌陀佛的身光明照射在地面上金光燦爛。那裡的大地不會像石頭一樣堅硬，而是落腳則會陷下四指深，抬足則完全反彈回來，極為柔軟，就如鋪設了絲綢軟墊一般。極樂世界裡的每一棵珍寶樹木都是色彩繽紛，由金根、銀幹、琉璃枝、水晶葉、珍珠石瓣、紅珍珠花、瑪瑙果實等七寶而成，各各不同。

這些殊勝無比的樹木是阿彌陀佛依靠自己以及所有具善根之行者所積的福德而變化出的增上之果，能如願滿足眾生所願。寶樹的邊緣環繞著許多的羅樹，由樹葉而組成的冠冕嚴飾著各種珍寶飾品和上品錦緞、種種果實及眾多珍寶瓔珞。樹上的生物不是惡趣的傍牛，而是阿彌陀佛幻化的種種珍奇鳥類：白鶴、孔雀、鸚鵡、舍利、迦陵頻伽、共命之鳥等。它們如海螺般純白、如松石般碧藍、如珊瑚般鮮紅，形形色色，令人見而悅意。如是眾鳥，晝夜六時，出和雅音，讚頌佛的功德。眾生聽聞到它們的聲音，皆生敬佛學法尊僧之心，亦可剎那間熄滅迷亂的分別念，產生無比安樂的感受等。

極樂世界又因有達瑪拉、沉香、漢香、蛇心梅檀等天樹的根浸於水中而使河水妙香撲鼻，這裡的水具有澄淨、清涼、甘美、輕軟、潤澤、安和、除饑渴、長養諸根等八種功德；這裡的河流被千姿百態的鮮花覆蓋，河畔有天鵝、黃鴨、丹頂等鳥類競相嬉戲。那些河流深處可達十由旬、百由旬到千由旬，且河床遍佈金沙遠離淤泥。另外還有甘露自性的諸多浴池，也是由七寶階梯及紅珍珠等寶磚圍繞，能使人順利進入浴池。如果在此沐浴一次，則自相續中便可生起殊勝禪定。池中蓮花，大如車輪，青色青光，黃色黃光，赤色赤光，白色白光，微妙香潔。四周遍佈了天界的各種具有芳香果實的鮮花，面積達一由旬。所有的蓮花都放射出無量光芒，每一光端都有無數化身佛嚴飾，各往其他剎土饒益眾生。

第二、極樂世界中的怙主是阿彌陀佛，因為他能摧毀貪心等一切煩惱，具足五智慧，降伏四魔敵眾，所以也被稱為出有壞、調禦師等。又因他的身光遍照十方無邊剎土，光明無量、光芒無窮，因此稱為無量光佛，還因其壽量不可勝數，也被稱為無量壽佛。

以上是阿彌陀佛之身本體功德憶念。

阿彌陀佛的身相無比莊嚴美好：其身色宛如十萬個太陽照在紅蓮花珍寶山上一般威光耀眼奪目，極其輝煌，具足白毫右旋等三十二妙相與指甲赤銅色等八十種隨好。由無邊福德而形成的頂髻，除從旁邊可見外，誰也無法測量其頂端。此外，阿彌陀佛的雙足掌心還具有凸出花紋的八輻法輪。以上這兩種妙相統攝其他所有內外妙相，是表示阿彌陀佛具有無比福德的標誌。

阿彌陀佛的法相姿態為一面二臂、結定印、持缽盂、著法衣、跏趺坐。一面是表示一切法的本性，唯一離戲法界；兩臂表示智慧與方便；結定印表示方便智慧無二；以定印持著充滿甘露的缽盂表示以深廣正法滿足一切眾生，令諸眾生最初趣入別解脫之標誌；身著比丘三衣，即上身披藍色七衣及紅色袒衣，下身穿紅黃色五衣（僧裙）；雙腿金剛跏趺坐，表示於是轉涅槃之義不動搖。阿彌陀佛的法座是由大如須彌山的八大孔雀及無數孔雀所嚴飾，其上有五顏六色的千瓣蓮花和滿月輪座墊，背靠處有名為蓮花光明的珍寶菩提樹，高達六十萬由旬，樹根粗達五百由旬，八百由旬的枝葉相互掩映，並有爭奇鬥妍的鮮花及累累碩果，還有如皎月般的寶珠、帝釋天所持的寶珠、摩尼寶珠以及珍寶束等，並以黃金、珍珠以及珍奇的瓔珞、鈴鐺、鑾鈴等裝飾。淨土世界的眾生僅僅見到此菩提樹及菩提果，永不會患眼病；聽到此樹發出的聲音永不會患耳病；品嘗其果永不會患舌病；碰到樹影永不會患四大不調等疾病；

若意念此樹則可自然生起等持；見到此樹則不會退轉菩提心而有無量功德。以上是身相觀想的部分。

接下來觀想阿彌陀佛的右側是大悲觀世音菩薩，其身潔白，表示雖住於輪迴卻未沾染輪迴的過患。觀音菩薩法相姿態為一面二臂站立式，雪白身色，左手以三寶印執持六瓣白蓮花莖於胸間、右手以施依印指向修行者。雪白身色表示以白蓮花般純潔的大悲心慈憫眾生；六瓣白蓮在耳邊綻放，表示相續中圓滿修成所聞之法義並且增長智慧力；以施依印指行者表示任何眾生若祈禱他，則不畏懼三界輪迴之苦。

阿彌陀佛的左側是大勢至（金剛手）菩薩。其身姿一面二臂站立式，具足報身裝束，左手以三寶印執持金剛石嚴飾的蓮花於胸間，右手以施依印指向修行者，身色碧藍。其中身色碧藍表示法性不變，也表示其獲得諸佛三密能力灌頂；右手以施依印指向修行者同樣表示任何眾生若祈禱他，則不畏懼三界輪迴之苦，此即無畏施之標誌。此處所描述的施依印是右手從身體的骨盆處伸開，作摸頂式。二位菩薩的站立式安住表示一切菩薩為了利益眾生，剎那也不懈怠，並趨入大乘道。三大主尊如須彌山王一般勝過他眾，巍然屹立，身體妙相隨好功德一目了然。簡略地說：阿彌陀佛身色宛如陽光照射在紅蓮寶山上一般紅亮，觀世音菩薩身色如同陽光普照在雪山上一般潔白，大勢至菩薩身色好似陽光照射在藍寶石山上一般碧藍。他們身體所發出的光芒照亮了所有剎土；他們的語言是六十種梵音之自性，悅耳且清晰明朗，能夠傳遍整個剎土；意乃是慈悲智慧大光明之自性，恒時坦然安住。

依次繼續觀想：極樂世界裡有無數永不退轉的大乘比丘以及無數將得大菩提的聲聞阿羅漢眷屬。《阿彌陀經》中說："無量光佛之光、壽量、眷屬、極樂世界及諸廣大功德，眾多佛陀於數劫中說亦不能盡。彼等眷屬無有差別身色都是金黃色，以三十二妙相、八十隨好嚴飾、身著三法衣、猶如陽光照射在蔚藍的海面上一樣金光閃閃。"

如是明觀剎土以及意念佛陀是極為重要的，這也就是隨念三寶。

如果面朝西方觀想極樂世界則與修生起次第有些相同。然而，生起次第是觀想實質性上的本尊等，若無有清淨的意念則稱為貪執妙相本尊之分別念，是生起次第之障。

　　極樂世界是未經繪畫自成壇城，觀修阿彌陀佛也是信心憶念佛陀，因此無論觀為任何形象都可以。因阿彌陀佛現在以色身住世，所以行者觀想時不需要任何迎請、安住、祈送，而應以日日夜夜不忘憶念作為要訣。

　　行者首先應當聽聞《極樂願文》並完全理解，如果不懂，那麼傳講者應從唐卡上加以介紹，此時就需要認真細緻地觀看，之後閉目思維，儘量使其形相明現於心中。起初的確不易做到，但通過努力並再三明觀後，內心自然能夠明現其形相。如果白天念念不忘，則夜間做夢遇到恐怖夢境時也定能憶念祈禱，若夢中能如是憶念，則臨終或中陰界出現恐怖、畏懼時，也定能憶念。

　　假設行者無論如何也無法明觀阿彌陀佛、主要眷屬、剎土莊嚴等法相，那麼可以憶念：極樂世界位於西方，住有阿彌陀佛及其眷屬，他們時刻注視著我們，我死後定能往生極樂剎土。如是一心專注，以堅定信心誦持阿彌陀佛的名號，也可以往生極樂世界。這是四種因素之一。

　　因此，無論只是眼見佛之身相或耳聞名號，甚至僅僅

抉擇正道

心想阿彌陀佛或手觸其像，都必定成為解脫之因。所以我們無論能否明觀阿彌陀佛身相，一定不要忘記其名號。

《阿彌陀經》中說："若有善男子、善女子，聞說阿彌陀佛，執持名號。若一日，若二日，若三日，若四日，若五日，若六日，若七日，一心不亂，其人臨命終時，阿彌陀佛與諸聖眾，現在其前。是人命終時心不顛倒，即得往生阿彌陀佛極樂國土。"因此若能經常祈禱阿彌陀佛，乃至對阿彌陀佛生起一剎那信心，則佛陀定會以慧眼照察，以天耳明聽，以他心通明了，以神足通立即到達我們的面前並賜予加持。

雖然我們看不到，但阿彌陀佛時時刻刻都在關注著我們，猶如盲人面前有一個具明目之人一樣，所以單憑對阿彌陀佛的堅定憶念，亦可往生極樂剎土。

2、往生之因

積資糧與懺悔業障包括：頂禮支、供養支、懺悔支、隨喜支、請轉法輪支、祈請不入涅槃支、迴向支。

我們應當以眾多方式積累善根，相續中生起願行菩提心，成辦所發殊勝願，這既是積累資糧，也可視為前行。《廣大遊舞經》中說："具有福德者，亦成諸所願"。在佛經中有眾多積資淨障的方法，但一切積累資糧之法門全部可包括在七支供中。

（1）對治傲慢之頂禮支

我們為什麼要頂禮？

眾生具有的傲慢猶如高山及鐵球一般，對他人無有禮拜、頂禮的恭敬心。正如所謂的"傲慢山崗上存不住功德水"，傲慢者非但不能往生極樂世界，反而會墮入惡趣。因此，為摧毀傲慢而需要頂禮。

如果以信心、恭敬心，將近前的阿彌陀佛像作為對境來恭敬頂禮，則與恭敬遠方極樂世界中的阿彌陀佛無有絲毫差別。因一個人具備信心，則佛雖然住於遠處也像在面前一樣；若無信心，則佛雖在面前也如同遠處。譬如，淨水中與鏡子裡可以顯現遠處太陽影像，濁水中與垢境裡則近處的色相也不能顯現。

那麼我們如何恭敬頂禮呢？

首先觀想上面所講的西方極樂剎土與阿彌陀佛等一切

主尊眷屬菩薩僧眾安住於面前之虛空中，自己雙手當胸合掌，掌心含空，觀想其中有一個如意寶並將手舉至頭頂，同時觀想，自己現在正向西方諸佛菩薩的身頂禮，清淨從無始劫以來因身所造的業障；繼而將手落至喉間，向西方諸佛菩薩語頂禮，清淨自己無始劫以來因語造成的業障；繼而將手落至心間，向西方諸佛菩薩頂禮，清淨自無始劫以來因意所造的業障。

隨後五輪投地（額一輪、手掌二輪、膝二輪共五輪），這時觀想向西方諸佛菩薩的身、口、意、功德、事業同時頂禮，清淨自己身、口、意三門共同所造的業障罪過。頂禮時身體不能過於前俯亦不可後仰，也不能東張西望。必須以端正、寂靜、調柔的方式作頂禮，此為身恭敬；斷除言說綺語而一心專注念誦頂禮偈或佛號是為語恭敬；斷除貪心不善和分別念而對佛之功德生起歡喜心和敬信心是為意恭敬。

若以這樣的三門恭敬方式作頂禮，其功德無量。

(2) 對治吝嗇之供養支

我們為什麼要供養西方諸佛菩薩僧眾呢?

根據上面所講述的西方佛土功德, 不難知道西方極樂世界根本不需要我們的供養。

供養是為了要對治吝嗇和貪心。如果不能對治貪心、吝嗇, 我們是不會有福報的。沒有福報就連人間的榮華富貴都不能得到, 又怎可以得到西方極樂世界的果報呢? 世界上大多數的人都期盼著得到財富和快樂, 但是當我們仔細觀察一下, 真正得到的人又有多少呢? 可能連千分之一也沒有吧。這是沒有福報的原因, 也是吝嗇的果報。

細心觀察周圍的人就可以發現, 大多數人雖勤勤懇懇、含辛茹苦地工作了一生, 其結果卻連基本的衣食用具都無法齊備, 同時災禍連連、疾病不斷; 而有些人沒有經過多少努力就能獲得諸多的飲食受用, 具有財富和歡樂。究竟是什麼原因造成這麼大的反差? 其實, 根本的原因就是宿世福報。

這裡說到的供養並不是要求供養太多的物質。

如果你的心不清淨, 那麼即使你傾家供養也不算積德。

抉擇正道

我們修供養是要培養佈施心和對治吝嗇。假如你可以完全對治吝嗇，那即使你不曾供養一針一線，也會有很大的福報。此外供養中有真實供養、意幻供養和自成供養。

供養支——真實供養：必須"以淨飲食作供養，以善意樂來印持"。所以既不能供養污穢的飲食、舊的衣服等低劣物品，也不應供養通過盜竊、掠奪或以言誑等手段得來的邪物。而應以清淨、殊勝的意樂供養自己往昔所積累或者最近辛勤勞作獲得的潔淨飲食和衣服飾品等。

如果自己的飲食只能自給自足而無剩餘，那麼，首先把自己的受用陳設於三寶前作供養，然後，觀想三寶賜予我悉地，最後自己享用也可以。

我們應當以我執的三根本（身體、受用、善根）來作供養，即供養自己所珍愛的身體；滋養身體所需的飲食、財物、住宅等一切受用；以及三世所積累的一切善根。所以，儘管我們現在不能夠真實供施自己的身體及一切受用，應觀想以承侍阿彌陀佛的方式去供養身體，從而斷除所謂"我的身體是我的"這種執著，之後精勤行持一切眾生往生極樂世界的事業。

為使臨終不貪執受用，從現在開始供養一切受用。將一切善根觀為普供。真實財物的供水、淨足水、鮮花、熏香、塗香、酥油燈、香水、神饌、樂器等的供品，應根據自己的經濟條件而作供養。

　　還有進行七支水供的方法：在佛壇前放置七隻供杯，以清水為所依物去供養三寶。因為水來得容易，不會有捨不得的心態，所以供水是積集資糧、對治吝嗇的一個很好方法。阿底峽尊者來到西藏之時曾經說過："在西藏只是供養淨水也可以成佛"。供水時要用專用的水壺裝清水，從自己的左邊到右邊，依次將水倒入杯中，同時觀想七供物：第一杯觀為飲用水；第二杯觀為洗足水；第三杯觀為鮮花；第四杯觀為熏香；第五杯觀為油燈；第六杯觀為香水；第七杯觀為美食。

　　供七支水要注意以下幾點：

　　七隻杯要整齊一字排列，不可偏斜，杯與杯之間距離不能太近或太遠，供水不能倒入太滿或太少，不要將水濺灑出杯外，不能讓雜物掉進杯裡；用最清潔和恭敬的方式去供水，這是無比重要的。下午或晚上就寢前收回供水時，要從自己的右邊開始依次把水倒於乾淨處，再用專門的淨布擦拭供杯後，倒扣於佛像前即可。

供養支——意幻供養：將非真實擁有的依靠意識幻化為供品，如鏡子等八瑞物、傘等八瑞相、金輪等輪王七寶，藉一切圓滿而作意幻的供養。供養支——自成供養：供養由眾生共同業力形成的三千大千世界的百俱胝四大洲。所有這些四大洲每一個都擁有百俱胝的須彌山、日、月等，以及表示五供的五種自然供品，即東方日月如燈，南方檀妙香如香，西方雪山如食子，北方清澈甘泉如水；下方遍地黃金如花，上方蒼龍樂音等供品；此外將上方天界的受用、地下龍宮的受用、地上人間的受用全部以意念取來，供養主尊阿彌陀佛及其眷屬。並且如此意念：你們雖然沒有受供養的執著，但為了我與其他一切眾生究竟獲得佛果，暫時往生極樂世界享受安樂，在此祈禱主尊等大慈大悲領受，並以歡喜之心而受用。此外，當行者見到美麗的風景、妙好的服飾物品、俊美的青年男女等悅意之物，都可以意念供養阿彌陀佛，並說"祈願自他諸眾生，悉皆往生極樂剎"。若我們能如此行持，則很小功夫便可得圓滿的大資糧。

（3）對治業障之懺悔支

我們為什麼要懺悔呢？

這是為了要對治愚癡，如果不對治愚癡，會產生嚴重的罪業，而罪業會障礙我們暫時和永久的安樂。產生罪業的根本是愚癡。不知道懺罪也是一種愚癡的體現，所以，對治愚癡極為重要。

應當觀想：在福田阿彌陀佛及其眷屬前為自他一切眾生作懺悔。《宣說四法經》說："若具足四法，作已積集障，無餘得清淨……"所以必須具足四種對治力：一、以現行對治力懺罪；二、以厭患對治力懺罪；三、以返回對治力懺罪；四、以所依對治力懺罪。

懺悔支——現行對治力：以現世的父母為主的三界一切眾生，不只是今生，而是從無始以來至今仍然漂泊於輪迴中。所造的自性罪：殺生、不與取、非梵行身之罪；妄語、離間語、惡語、綺語四罪；貪心、嗔心、邪見意三罪。懺悔嚴重身語意罪業，即無間罪、近無間罪、謗法罪、誹謗菩薩罪、惡見罪。懺悔佛制罪，即別解脫墮罪、破菩薩戒罪、失毀密宗誓言罪。從無始以來直到今天能認識之罪及不認

抉擇正道

識的一切罪業，不隱瞞、不藏匿如實懺悔，是為現行對治力。

懺悔支——厭患對治力：如果沒有猛烈的追悔心，單單是口頭上的喃喃自語，罪業是不能得以清淨的。因此，心中應觀想，自己往昔所造成的罪業，就像健康人中了毒一樣，深感慚愧；想到阿彌陀佛及其眷屬佛子一定會清楚了知，並羞辱我，心中生起畏懼；想到墮入惡趣的異熟果報將十分可怕。以如此強烈的追悔心來懺悔，是為厭患對治力。

懺悔支——返回對治力：猶如用妙藥除毒後，必須要做到日後不再飲毒。雖然以追悔心作了懺悔，但若日後無有穩固的戒心，則罪業會捲土重來。所以，我們應當發誓：從即日起乃至未獲菩提果間，縱然遇到生命危險也不造罪業。如果立誓不造罪業，一心行善，那麼即使未能辦成大善事，心善的善法果報也是很大。因此，這一點很重要。若無有戒罪之心，即使身語沒有造罪，但意識所造的罪業也極為嚴重。如此追悔後發戒心，是為返回對治力。

懺悔支——所依對治力：如是以悔心、戒心來懺悔，必須以猛烈的恭敬心、虔信心祈禱，那麼，阿彌陀佛及其眷屬定會加持自己，如同擦拭鏡子般地完全淨化自相續。若能以四種對治力懺悔，則無論多麼嚴重的罪，都必定能得以清淨，原因是罪業不曾實有，並且是有為法，如古大德所說：「罪業雖無德，懺淨乃罪德」。

(4) 對治嫉妒之隨喜支

當行者耳聞目睹他人聞思修行、塑佛印經、打造佛塔、上供下施等善法時，如果能捨棄心胸狹窄、嫉妒憎惡、明爭暗鬥之心，心想他做了這樣的善事太稀奇了，太了不起了！並誠心歡悅隨喜，如此，也可以獲得相同的福德。這是不需要任何人力、物力、財力便可獲得廣大福德的極妙方便之法。行者為自己不能成辦善法而感到後悔，對他人行善的善根感到歡喜，是為隨喜支。

(5) 對治捨法之請轉法輪支

如同往昔梵天供金輪，帝釋供右旋海螺祈請佛祖轉妙法輪那樣，自己觀想：在浩瀚無垠的十方世界中，有現前圓滿正等覺不久且尚未說正法而安住的諸佛菩薩、上師善知識,自身在彼等面前幻化為無數身體, 手持法輪、海螺、吉祥供物等等, 為利益眾生, 祈禱勸請諸尊迅速轉動深廣之妙法輪, 而他們以神通了知此事後欣然應允。若如是觀想則與親自去求法無有差別, 這是以心意念。如果身語意能真實做到, 向那些具有教、證功德住世的上師們請求四句以上法義, 也可使眾多有情獲得善妙法雨, 並且可深除自己的捨法罪障, 生生世世不離二寶光明, 何時也不會轉生於暗劫。所以, 用自己的人力、財力去請求傳法或者幫助傳法上師, 創造順緣的功德無量無計。

(6) 對治邪見之祈禱佛不涅槃支

如往昔鐵匠之子珍惜祈請世尊住世, 結果世尊延長住世三個月。行者可觀想: 在有意想要趣入涅槃的諸菩薩、持教善知識前, 誠心祈請他們為利益眾生於無數劫中不入涅槃而住世。他們也明白, 並欣然應允。佛入涅槃有三種原因: 如果沒有所化眾生, 如同沒有水器不能顯現水月影子一樣, 佛陀的色身也就自然融入法界; 諸佛菩薩們如若住世時間過長, 眾生則會有他們將恒久住世之想, 導致修法時產生常執，因此，為了使眾生了知無常而趨入涅槃；初地以上的聖者們可任意住世。因此，我們不能生起對諸佛壽命有長短之邪見。倘若自己所造的善根為勸請高僧大德們長久住世而作迴向也可能如願，並可消除自己壽命之障難，功德極大。

(7) 對治懷疑之迴向支

此支放在結行迴向殊勝時講，暫不在此講述。

結行：迴向殊勝

我們哪怕只聽聞一句佛法，憶念剎那善心，做一次善惡取捨之事，都應立即作迴向。

若不作迴向，則初學者的善根猶如乾草、水滴一般微弱，很容易耗盡。相反，嗔心、傲慢等惡分別念則如大火、烈日一般強，生起一剎那的嗔心，都將摧毀廣大善根。

經中講："積累善根後，顛倒不迴向，宣揚生悔心，減善根四因"。

如果作大迴向，則所積之善根資糧不會窮盡。如《慧海請問經》雲："水滴落入大海中，海未乾涸其不盡，迴向菩提善亦然，未獲菩提其不盡"。

那麼，如何迴向呢？

不應為獲得人天之果而作小迴向，否則如同芭蕉樹一樣容易耗盡無有恆久的安樂之果，自他二利一無所成；也不能為獲得聲聞、緣覺果位而作迴向，否則趨入無餘涅槃，僅為自利，不饒益他眾，對不起有大恩之父母眾生，最初發的菩提心也成了妄語。那麼，我們要如何迴向，要迴向什麼呢？觀想以自己現在剛修完的這座法所得來的善根，以及過去未來三世所積的一切善資糧。對誰迴向呢？迴向於一切眾生，這是以大慈心願利他而迴向。

為什麼目的而迴向呢？願一切有情都迅速獲得無上菩提圓滿正等覺的果而迴向。這是以大智慧無緣佛果而迴向。三輪體空的迴向在凡夫地很難做到，故以觀想諸佛佛子如何迴向我也如是迴向的方式迴向即可。哪怕是小小的善根，若作迴向，則一切眾生也可獲得利益，這是因為佛陀的加持力、法性的真實力與自己的殊勝善心力所致，所以，修法時應該要如實迴向。

我們這裡用三殊勝的方法來講往生西方極樂世界的四種因素。這四種因素是觀想福田、積資淨障、發菩提心與發清淨願。

再回顧一下前面講的內容：四種因素的發菩提心就是加行發心殊勝；四種因素的觀想福田與積資淨障為正行無緣殊勝；四種因素的發清淨願為結行迴向殊勝。

這三個殊勝無論你修什麼法，都是不可缺少的條件。

所以我誠懇地希望大家把這三句背熟成順口溜，並記得修任何法時都不要缺少。

善根為方便攝持之加行發心殊勝；

善根不為他緣所壞之正行無緣殊勝；

善根日日增上之結行迴向殊勝。

總之，最初開始修法的時候就思維：我為一切有情之利益而修行；中間思維，以無有散亂之心專注觀想福田及積資淨障而修；最後結束時思維，修法所得的善根迴向一切有情眾生，願他們獲得佛果！這就是三殊勝。

如果沒有以此三殊勝攝持，則無論行持任何善法，也不可能趨入大乘道；反之，具備這三個條件，任何修法都會結無量功德而成佛。因此，修法時三殊勝的任何一項都是不可或缺的，望大家重視三殊勝！

最後再說幾句話：希望大家能喜愛這個殊勝的淨土修法，並如理如法去實修。也希望大家經常把喬美仁波切的《極樂發願文》作為日課來誦讀。喬美仁波切把《阿彌陀經》的意義用最通俗的語句寫成了發願文。既有念誦佛經的功德，也有隨誦之含義。我們通過讀誦可以瞭解它的內容，其功德堪稱無量！

我早年曾在上師座前細聽此法並在西藏百日法會上以藏語講解數次；此次也參考了索達吉堪布翻譯的喬美仁波切《極樂發願文》及喇拉曲智仁波切的注釋，所以，應該不會有太多的錯誤！可是，我對漢語沒有太深的造詣，所以，凡因文字等發生的失誤，希望諸位體諒並指正，在此先向諸佛菩薩懺悔，所得的功德迴向一切眾生，願一切有情早日成佛！吉祥如意圓滿！

　　發願文

　　　　　　輪迴眾生未度盡，

　　　　　　願捨自享一切善。

　　　　　　甘為可憐孤老僕，

　　　　　　祈得受持佛妙法。

　　　　　　　　　　　　　　　2003年於香港207

抉擇正道

心靈的成長需要過程，不可能一步登天。只要是有過程的，都需要從零開始，一點一點積累，慢慢增長，最終有一天才會圓滿。

抉擇正道

九

為瞭解生命真相而修行

修學藏傳佛教，首先要清晰地瞭解修道次第。格魯派宗喀巴大師寫的《菩提道次第廣論》、寧瑪派龍欽巴大師寫的《心性休息》都詳細地闡述了修道次第，白教和薩迦派等也有詳細的修道次第論著。據史書記載，最早在西藏出現的修道次第論著就是蓮花戒大師寫的《修次三篇》，初學者可閱讀此論典。

可能有些人在學習大圓滿，也有些人在學習大手印等其他密法，可若我們的修行還處於初級階段，那麼修道次第就對我們非常重要。因為，心靈的成長需要過程，不可能一步登天。只要是有過程的，都需要從零開始，一點一點積累，慢慢增長，最終有一天才會圓滿。

首先，修道次第要從聞思佛經論典開始，若沒有系統地聞思佛經論著，就會產生諸多誤解。我們以下面幾個問題為例：

1、有些人認為學佛的人不應該有所求；

2、有些人認為修行不必遠離塵世；

3、還有些人強調要始終無念而坐；

4、也有些人只願利益眾生而絕不求成佛等等。

若問學佛之人是否有所欲求？答案肯定是有所欲求的。

學佛的人求什麼呢？不求人世間的名聞利養，而求圓滿正等正覺，若圓滿了此果，從此就無所欲求了。這個過程分五個階段：資糧道、加行道、見道、修道和無修道。因此，要知曉學佛不是籠統地做什麼，而是漫漫菩提道上的啟程。

若問修行是否不必遠離塵世？有人說“心若不能清靜，即使在僻靜的山間也沒用，若心清靜，在塵世也同樣可以修成，所以沒有必要遠離塵世，而理應在生活中修行”。

此類說法看似有些道理，但認真觀察完全是紙上談兵。作為初學者，首先要考慮的是當我們還不能完全掌控自己的內心時，選擇什麼樣的環境對於自己的修行更有幫助。

對於修行還處在初級階段的修行人來說，在塵世修行和在寂靜之處修行有很大差別：塵世中要修成一座法很難，而寂靜之處修法則會事半功倍，所以，過去歷代高僧大德都選擇在寂靜之處精進修持。佛之所以說“無量劫供養無量佛的功德不及嚮往寂靜之處而邁出七步的功德”的原因就在於此。當自己有了一定的定力時，就沒有任何環境的差別了，那時就可以說諸如"十字路口好參禪"的話語了。而且，登地之後的修行，完全也是在利益眾生中完成的。這好比是讀書雖然是為了在社會中更有作為，但在小學、中學階段時，還是儘量要避開社會的道理一樣。

坐禪是否需要始終無念的狀態？

首先應該瞭解坐禪不是佛教獨有的方法，從古印度的眾多宗教到現在的心理學，包括瑜伽培訓班都要求坐禪。當然，在佛教的修道次第中，坐禪還是非常重要的。必須要瞭解的是，為了成佛而坐禪和為了減壓養生等目的而坐禪的性質完全是不一樣的。如果選擇為了成佛而坐禪，坐禪的內容就不是籠統的"無念而坐"的禪修，因為培養一個修行人內在的定力是有過程的，有關具體的內容蓮花戒大師在《修次中篇》中有詳細的介紹。

有人說："我志願利益眾生從不欲求成佛"。聽此表述，看得出此人是對菩薩道有所耳聞的，但認真細想，這不是真正修行人或者菩薩的表現。為什麼？因為不願成佛說明不瞭解輪迴或者生命的真相，一個不瞭解生命真相的人，自然就不能有效地利益眾生。

抉擇正道

輕而易舉無法成佛

彌勒菩薩對菩提心的介紹是："發心為利他，欲求正等覺"。

第一句"利他"的含義是度所有眾生成佛的意思。如果有了度所有眾生成佛的願望和決心，自然就很迫切地希望成佛。因為不是佛，根本就沒有能力度所有眾生成佛。

若有人問"救濟貧窮、關懷孤寡老弱、扶持教育等是否算得上利他？"答案自然是利他的行為，但這些都不是根本意義上的利他，原因是這一切都只能解決一時的困難。另外，同樣做一件佈施類的善事，修菩薩道的人和一般的愛心人士的結果也是不一樣的，因為責任感與愛是有差別的。

第二句"欲求正等覺"的意思是決心自己要成佛。利他為什麼是決心自己要成佛呢？如泥菩薩過河自身難保，自己還處在危機中，怎麼能夠幫助別人呢？沒法有效地幫助別人。

原因也有二：一是自己的生命無法支持自己有效地幫

助別人；二是自己的內心不能純粹地利益他人。在有我執的前提下，幫助別人都會不自覺地帶有條件，只要有條件就有不如願，最終導致結果的失敗。所以，發心幫助他人，首先要培養好自己的內心，他日內心有所成就時再去利益眾生就非常行之有效了。曾經塔波仁波切問至尊米拉日巴："我什麼時候才能利益眾生？"

尊者回答："有朝一日，一旦你顯見了自心本體非同現在這般，遠離一切懷疑，對我也生起真佛之想，並且也定會對眾生生起無偽的慈悲心，那時你便可以利益眾生"。

在人世間，會做事的人都會有合理的做事順序。那麼，我們要想知恩圖報天下芸芸眾生，更是需要非常具體而合理的二利次第，這是顯而易見的。所以，我們有福分獲得學佛的機會時，能夠準確地瞭解通向菩提的前進道路至關重要，這條道路就是發願成佛者的修道次第。

很多人在修學藏傳佛教，有的學了五年，有的學了十年，但到目前為止，似乎有些人還根本沒有找到方向。不是時常跟隨法會的海報跑，就是裝模作樣地打坐，甚至有人把無上密法之類的法門當作追求名利的工具。自己也對修行毫無信心，追蹤所謂的有神通者來驗證自己的修法。這類情況的出現，均屬沒有認真聞思的原因。

修道如同爬樓梯，需要一個臺階一個臺階穩步而上，絕沒有一步登天的捷徑，也就是說，在修行這條路上，從來就不會有漸修的頓悟，任何一位修行人都一樣。有些人認為自己很聰明，認為自己不必要經歷基礎的修行，這是非常不明智的表現。

有些時候，我們認為修行比較簡單。修行較之謀生，謀生反而要嚴肅多了，修行就是工作、生活之外有空的時候才進行的事情。常常有人勸我們："你可以信，但是不能太沉迷，不能太投入。"在這種情況下修行能夠成佛嗎？成不了佛。雖然每個人都有成佛的可能，但成就佛果不是輕而易舉就能做到的事情。釋迦牟尼佛也歷經苦修三個無量劫，才證得圓滿正等正覺的果位。另外，有些人認為"成不成佛沒關係，我學佛只要有好的結果就可以了"。但若認真觀察自己及眾生的整個生命過程，唯有成佛才有保障，不成佛生命無論怎樣都無法獲得究竟的寧靜與自由，利他的力量永遠都是非常微弱的。

修道有基本的次第

任何一件事情都需要花時間完成，修行自然也不例外。那麼，修行開始前首先要認真考慮如何安排好時間。一個不考慮修行的人和一個真正的修行人，最大的差別就在於時間的安排上。時間是最大的資本，每個人只有非常有限的一生，如何運用時間決定了生命最終的結果。不選擇修行的人，一生的時間只為今生今世服務，因此不太需要智慧去安排好時間，渾渾噩噩地跟隨時代大環境生活為基本規律。相反，如果有意願修行的人，首先要做好自己的人生規劃。身為出家僧眾這個問題好安排，果斷地放棄一切俗世，有所成就之前精進修行便是；可若是在家之人，首先必須要安排好時間問題，一生中每年、每個月和每天的時間都要合理而清晰，不然"等有空就去修行"的願望很容易落空。

有了上述思想上的準備後，正式開始著手行動之時，還有以下關鍵的問題需要注意：

第一、要依止一位善知識，遵循他的引導去修持。沒有善知識，光靠自己看書或者摸索去修行是不會成功的，因為修道關係到非常微妙的精神世界。修行初級階段，依止善知識不需要特別高的要求，不必要"待師如佛"，也沒法做到，有了一定證悟自然就會有"待師如佛"的正信。

若有人問"善知識要具備何種功德？"善知識首先要具備佛學的修行知識，沒有修行知識，無論有什麼功德都沒有作用，好比依止不懂數學知識的老師，無論怎麼也學不到數學一般。其次，善知識還要有良好的表達能力，包括語言上能夠無誤地溝通，要想學好一項很專業的知識，依止無法溝通的老師也是起不到作用的。此外，還要選擇有耐心的善知識，倘若沒有耐心，就不會認真引導。更關鍵的是善知識需要具備兩個條件：大悲心和欲求成佛之心。條件之一是大悲心，若沒有大悲心，他就不會有決心助你成佛的責任感，沒有這份責任感，即便他對你有多大的幫助，但你最終也不會有根本上的收穫。條件之二是欲求成佛之心，因此要觀察自己有意向依止的善知識是否具備欲求解脫之心。如果這位善知識是一位以求解脫為生命目標之士，他很自然就積累了戒定慧的功德，間接地也具備了善知識的所有功德；相反，他若沒有欲求解脫之心，表面上的一切功德都建立在今生的名聞利養之上，那麼他無論表現得何等優秀，終究都不是度脫苦海的引領之燈。

第二、要廣泛地聽聞佛經論典。先要學習歷代高僧的論典，原因是我們不通過龍樹、無著這些大菩薩的論典而直接學習好佛經的整體思想是無法做到的，對此佛經中也有明確的記載。作為只想自己好好修行，暫時沒有責任當佛教老師的在家居士而言，學習佛經論典不必依照佛學院僧人的廣泛學習模式，也就是說不必學習太多法門，但必須要非常系統而徹底地掌握好一套完整的修行方法。若能把自己的生命和眾生的生命作為主線，一切的聽聞學習都圍繞著探索生命的本質，其結果肯定是事半功倍。

第三、要反覆認真思考。單一的聽聞或者看書所學到的知識是膚淺而粗糙的，到了實踐的時候就會表露出猶豫不決，如同在岔路口找不到方向一般。例如：雖然學習過大圓滿的共同外前行，但實際去修行的時候，卻不知道從何做起，這種情況就屬沒有認真思考的缺陷。發生這類情況時，不要急於實修，先要反覆閱讀、反覆思考，到了一定時候自然會沉澱出一個結論，這個結論就是麥彭仁波切常倡導的定解，這種定解是真正能夠運用於實踐的修行方法，找到了這個實踐的方法，才算完成了思維正法的過程。

第四、要潛心專修。潛心專修分三個部分：前期準備、正式實修、將修行運用到日常生活中。

前期準備。首先是修法之處的要求：要選擇較容易獲得生活必需品；沒有惡人的干擾和頻繁的應酬；沒有各種瘟疫；有戒律、見地相同的道友之地。要有良好的節儉生活習慣和無瑕疵的生活作風，要徹底擺脫不合理的情感糾纏。不然，如何精進也不會有少許功效。

正式實修。在設有佛像或者唐卡面前進行七支供養，並祈禱諸佛菩薩上師加持助我修法順利。之後，在鋪設舒適的坐墊上依照毗盧七支方式入座。

正式實修所修的內容雖然有很多，但首先要認真實修大悲心、菩提心和空性智慧。修成此三種法，其他的一切法門很自然就會在此三法的支配下修成；相反，如果沒有修好此三法，無論怎麼修，始終都無法獲得修道上的任何一點功德。對此，巴珠仁波切等諸多大德做了很絕妙的闡述，望諸位充分地關注！

抉擇正道

實修一法：修大悲心

修成大悲心的方法有很多種，其中龍欽巴大師的傳承修大悲心是通過修慈、悲、喜、捨四無量心。具體實修時先修平等捨，再順序修慈、悲、喜無量心，最終修成大悲心。大悲心是菩提心的根本種子，有了大悲心，菩提心的產生就是自然而然的事。欲知其具體的修行方式，可閱讀《普賢上師言教》。

修大悲心的關鍵是正確瞭解自己及眾生的生命真相。正確地瞭解了自己及眾生的生命循環規律，我們會發現每一眾生都如同此生的大恩母親，大恩母親還不是一生或者幾生的母親，成為自己母親的次數多得無法統計，她的慈愛與照顧之恩不可估量，由此而產生的感恩之情會變得非常純粹而甚深。此時，回報母親的決心不再是簡單的行孝道般膚淺，必定會產生讓母親徹底擺脫痛苦的決心，此心即是對母親的悲心。按照同樣的方法，將此心拓展到父親、兄弟姐妹等親朋好友，再拓展到陌生人及有怨仇之人，最後遍及天下芸芸眾生時，悲心就變成了殊勝的大悲心。

實修二法：修菩提心

　　大悲心修成的表現之一是：急切地想徹底擺脫如母眾生的所有痛苦，很自然地就會想要尋找擺脫其痛苦的方法和結果，最終我們會發現，只有成為圓滿正等正覺才是絕對的保障，從而發心。"為了幫助所有眾生成佛，首先自己要決心成佛"，這就是世俗菩提心，也是世上最偉大的心願和責任感。何時具備這樣的發心，才能真正成為三界眾生恭敬頂禮的菩提薩埵，在這顆心的支配下所作的一切自然成為獲得圓滿正果的資糧。作為修行人，無論要經歷多長時間，必須要修好此世俗菩提心，具體的實修法可參閱《普賢上師言教》等經論。

實修三法：修空性智慧

佛祖圓滿正覺時，證悟眾生自無始以來流轉在六道輪迴中，不斷遭受巨大痛苦的根本原因不是外在的力量，而是各自內心的無明。無明不是沒有任何概念的空白狀態，而是完全與諸法實相相違背的誤解，具體來講就是在對自我的認識和對世界（法）的認識上出現了誤解。

在對自我的認識上，本來沒有自我的存在，而我們誤以為有我的存在，就產生了俱生我執；有了我執就有我所執（我的概念和我的物品的概念）；接踵而至的就是各種煩惱和善惡之業，其結果就形成了惡性循環的種種痛苦。要通過修法去改變這個現狀，首先要學習抉擇“人無我”的邏輯，而且要不斷反覆思維，最終才會獲得決定性的“人無我”的結論。然後再通過實修去串習“無我”之見，直至親證“無我”見地。

在對世界的認識上，認識諸法時產生的誤解就是法我執。法我執直接影響了我們認識諸法的實相，從而也障礙了我們獲得圓滿正等正覺的結果。欲想改變這種情況，就

抉擇正道

要瞭解"法無我"的道理，途徑之一是通過中觀抉擇見地的邏輯。要想正確掌握好此中觀見地，就要聞思中觀系統的論典，如《入行論·智慧品》《入中論》《中觀根本慧論》《中觀四百論》及《中觀莊嚴論》等論典。修行人抉擇究竟的見地時，認真系統地學習中觀類的論典是重中之重的要務，望諸位能夠多下功夫！

雖然佛教有八萬四十法門，但解脫的不二法門就是空性智慧。了悟空性的境界才有解脫的結果；沒有了悟空性的境界，無論有多少福德資糧，其結果只能在輪迴中獲得暫時的快樂。證悟空性的前提是對空性的見地有定解，而定解又從圓滿的聞思而來，所以修行必須要遵循聞思修的規律。

無論計劃修什麼法門，首先要認真地專修上述的大悲心、菩提心和空性智慧。若忽略了此三法，無論修什麼，無論如何精進都不能獲得正道上的任何功德。修行不在乎修了多少種類法和修了什麼大法，關鍵在於內在的變化。改變內在很重要，要不斷地重複修行，在重複中獲得強化，最終才會變成本能，進而獲得真正修的結果。

此外，每座修法結束之際，要迴向所修功德：遍及虛空界的所有眾生，因顛倒誤解諸法實相，長久飄蕩在六道苦海中極其可憐！如今以我所修的功德為基礎，加上三世諸佛菩薩以及平凡眾生的所有善根，累積一處而迴向給芸芸眾生，願他們證得無上圓滿的結果。

修行不應該脫離生活，要把修行運用在日常生活中。

日常生活中可用以下方式修行：在修法時，觀修空性的作用，回到日常生活中，夢幻般看待一切存在。面對眾生修大悲菩提心，並盡力積累佈施、持戒等福德資糧，如此修行就會逐漸地完全領悟空性境界，進而在夢中也能了達；若夢中能達到這種境界，臨終和中陰也能顯現；中陰能夠達到這種境界，那麼必定會獲得殊勝的成就。

為了初學者在起點上有清晰的方向，給大家講這些有關修道次第的概念及步驟，望對諸位初學者有所作用。

2014 年於成都

通常我們會說"看破"、"放下"，可真正而言，佛經並沒有要求我們看破，而是要我們看透、看準。我們沒必要說人世間很糟糕，也沒必要說它很好，看透、看準即可。

抉擇正道

十

如果大家計劃修大圓滿，首先要修共同外前行，其次是不共同內前行，然後才是大圓滿正行的修法。

抉擇正道

共同外前行的修法

共同外前行裡的"暇滿人生難得"、"壽命無常"、"輪迴過患"、"因果不虛"叫四正觀,是四個正確觀念之意,也叫四轉心法。

沒修法之前可能我們只在乎今生今世,修四正觀後,除了今生今世,我們還會把精力投入到更重要的事情上去,這就是轉心。通常我們會說"看破"、"放下",可真正而言,佛經並沒有要求我們看破,而是要我們看透、看準。我們沒必要說人世間很糟糕,也沒必要說它很好,看透、看準即可。學習四正觀,就會正確地瞭解世間的生命和生命所處的環境。身居輪迴世間的我們,始終在一方面很想解脫,一方面又認為人世間很好,在這種非此即彼的矛盾中徘徊。可當我們看透、看準了輪迴世間時,自然就會放下不重要的而去追求重要的,就會發現輪迴沒有多大意義而想解脫,出離心就是這樣產生的。

當你有這樣的要求時,一位具德上師就很重要了。從時間而言,上師的重要不是絕對的:修行處於初級階段時上師很重要，如同大學還沒有畢業時老師很重要，大學畢業後自己做研究就不完全需要老師。六祖慧能的"迷時師度，悟了自度"就是說：開始時完全處於迷惘狀態，一位能引導你的上師很重要；熟悉了修道後，恭敬上師依然很有必要，但沒必要始終跟上師在一塊或者始終讓他引導。

學習共同外前行最重要的是反覆閱讀共同外前行的論典，《大圓滿前行引導文》中加插了故事又是白話文容易懂，因此很多人一開始有點看不起這部論典，"這太簡單了！我自認為根基比較好，沒必要從最基礎開始吧"。這樣的想法表明我們的天性裡有自滿，有自滿就灌不進知識，所以得要放下自我重複地讀。讀前行跟看報紙不一樣：報紙認真看一遍基本內容都瞭解了，第二次讀也沒有更深奧的東西了；但是前行不一樣，重複讀一遍有新的收穫，讀三遍也有第三遍的收穫，長時間重複地讀，讀完三十遍再返回去觀察內心，你的態度變了，你的世界觀也在變。最重要的是，讀十幾二十遍後，你內心所沉澱下來的東西。

完成共同外前行最重要的不是體力、不是語言，而是思維，要通過邊閱讀邊思維的方式去完成共同外前行的修

抉擇正道

行。因為我們看不起基礎的東西，因此，一開始很難深入到前行裡，即便很精進，我們還是認為除了前行外可以修更殊勝的法門，這就像手裡捧著秋天的大豐收果實，會發覺左邊的比手中的好，右邊的也比手中的好。修前行，只要下功夫就會起作用，前行所沉澱的東西會影響我們的內心，我們的內心變了，價值觀變了，共同外前行的修行就起作用了。有人認為共同外前行修圓滿了再修不共同內前行，但也有人認為如果共同外前行修行圓滿了，不共同內前行就沒必要了。但如同小學大概及格了就會升級，再及格了再升級，至少有一個最低標準。前行也是這樣，共同外前行及格了，再修不共同內前行。

不共同內前行的修法

不共同內前行分為以下幾個步驟：

首先修皈依。四皈依或三皈依根本上並沒有差別，皈依一般分為因皈依和果皈依。因皈依是皈依外在的佛法僧三寶，佛為導師、佛法為道、僧眾為道友，用這樣的方式皈依外在的佛法僧三寶，從而起到實現皈依自己內在的佛法僧三寶的作用；而果皈依首先要皈依佛門，皈依佛門意味著決心學佛，為了自己想成為佛而皈依佛，為了自己想成為佛法而皈依法，為了自己想成為僧寶而皈依僧。雖然表面上、形式上皈依了，但這還不達標，還多少有點裝模作樣。第一次在上師座下皈依，第二次自己念皈依，第三次又皈依、不斷地皈依，重複讀十萬遍皈依頌，越多越好。有些人認為皈依頌是外在的形式，"修行要從內心開始，外在的皈依形式根本沒那麼重要，我不如修一些最根本的法"。這樣的觀點是不對的，我們要求質量，可質量從哪裡來呢？質量也是從數量中來的。因此，修四皈依要在不斷重複數量的過程中提升質量，最後做到達標的質量。修皈依不用怕做不到，能做到多少算多少，今天能做到的，明天做得更多，這樣不斷升級即可。

其次，修發菩薩心。能否成佛的關鍵就在發菩薩心，這是灌輸自己修行方法的發心。修發菩薩心十萬遍後，還要認真讀《大圓滿前行引導文》。

建議大家至少重複讀十遍共同外前行，皈依至少重複讀十遍，特別是發心要重複讀很多遍，之後，修金剛薩埵、供曼紮，還要連帶修類似空性法門的施身法。

然後，修上師相應法，這也很重要。上師相應法裡的"上師"有雙重含義：修行還在初級階段時，我們要依賴外在的上師，外在的上師意味著有修證的、對證悟智慧方面有經驗和專業知識的人。上師相應就是引導我們的上師，照著他的引導、要求去修。但這不是最終的目的，最終是相應於自己。禪宗講明心見性，心的本性也就是光明的智慧，上師相應的含義就是我們能夠回歸到上師的狀態上去。一開始要做到很難，不過第一次修五加行也不可能做到的。沒關係，只要堅持修就會越來越好。

接著，修頗瓦法。頗瓦法會對中途發生障礙而沒能完成修行的人起銜接作用，銜接今生的修行和來生的修行。

修完頗瓦法後，傳統的大圓滿上師會教簡單的生起次第修法。生起次第完全達標後，才是簡單的圓滿次第修法，而圓滿次第要完全達標，基本上沒有可能，也沒必要。

抉擇正道

大圓滿正行的修法

修大圓滿的正行時，傳統上上師會傳最高的徹卻、脫噶（立斷、頓超）法門。這時，大多數人還要進一步打好基礎。

首先，要修勝義菩提心。修中觀的空性，要先抉擇空性再修空性。有一定的修煉後，再修止觀的"止"，即"寂止"。

其次，要修寂止。修寂止還不是修禪定，是禪定的前行，為了修專心而給禪定打基礎。這是因為我們無法控制自己的內心，這是讓人很被動的，我們控制不了內心在下一個小時或者下一分鐘會產生什麼樣的念頭。寂止就是練習專心來調伏內心，最終做到自己能控制內心。籠統說，寂止包括兩方面：一方面是專注讓心以一條線的方式發展下去。從順序上觀察，我們的心是渙散的、沒有連續性的、斷斷續續的，因此要練習專一；另一方面讓心停留在一個目標上。除了專注於目標之外，所有念頭都要放下，這時心不能分散，也不能有起心動念。這樣在寂止的狀態上練習，讓心停留在完全沒有念頭、任何思緒都停止的狀態，不需要延續太長時間，稍微停留於這個目標上再返回來。這樣不斷地練習，兩方面結合就是修寂止。

接著，是禪定的修法。四禪八定是外道和內道的共同修法。計劃修大圓滿，就沒必要修世間禪定了，這時要找一個對大圓滿很有經驗的好上師儘量培養恭敬心。之前的修行不需要"視師如佛"，而到這時上師不再是普通上師，"這個師父不是一個人，也不是一個菩薩，而是很真實的跟佛沒有區別的、和佛一樣的上師"，以此來培養恭敬心和清淨心。培養好恭敬心之後，在他的座下接受真正的大圓滿正行法，就有可能覺察或了悟到自己本具的自然智慧，或者有可能在經驗中找到自己本來的智慧。

如果我們幸運地發覺到自己本具的智慧了，就沒必要做繁瑣的寂止修法了，而要始終停留在正念狀態裡。所謂的正念就是經驗自己內心的智慧，有所體驗後始終讓修行回歸到這個狀態。這是最根本的修法，沒有任何修法比這更殊勝，生起次第比不上，圓滿次第也比不上，因為生起次第或圓滿次第都是為了悟智慧而做的一些前行、手段、方法。

了悟自己本具的智慧是最重要的，自己回歸到最本來的面目上——"自己是佛"的面目上，這樣不斷安住，本來的智慧慢慢會越來越明顯，越修越明朗，有一天圓滿了就成佛了。這是修大圓滿的第一個讓修法人直接覺察到自己本具智慧的方法。

第二個方法是在修法中不斷地讓修法人回歸到自己本具的智慧上——赤裸裸的、完全處於中間、沒有夾雜任何層面的狀態中。如果能修到這樣，修大圓滿的人一天的修法就相當於普通顯宗修法人一生或幾生的修法，因此大圓滿的修法系統裡有即身成佛的可能。顯宗沒有這樣直接的修法，在資糧道和加行道的兩個凡人狀態中，釋迦牟尼佛按照顯宗修花了三個無量劫的時間，可修大圓滿只要三年、五年就能完成這漫長修法的全部內容。

有人會問這是為什麼呢？因為所遇到的方法不一樣，釋迦牟尼佛修法時，沒人講密法和大圓滿，而且大圓滿不是每一個佛都會講。

從前行的修法開始，完成共同外前行、不共同內前行到顯宗的中觀、然後是寂止等修法，整個過程可能需要十五年時間。一聽到十五年，有人會覺得很漫長，有經驗的人則不這樣認為，因為這個過程真的是一步一個腳印過來的，做一樣算一樣，十五年後有機會修大圓滿正行，才會學得進去。

抉擇正道

修大圓滿與念阿彌陀佛

有些人從前行到大圓滿可能一年半就全部學完了，下一年也是這個狀態，十年過去了，也不確定自己是否圓滿了共同外前行；有些人學是全部都學了，卻很納悶自己到底是修共同外前行法的人，還是前行全部修法的人；還有些人是"去印度學了大圓滿的正行法門，前行和正行都聽過了，大圓滿的法全部都聽過了，可依然什麼都沒感覺到"……這樣的情況說明了什麼呢？我們根本沒關注自己內心成長的過程。有可能經歷了大圓滿學習卻什麼結果都沒有，於是會覺得"大圓滿似乎徹頭徹尾是騙人的"；"大圓滿沒那麼糟糕，可能是上師的修證不好、加持力不強，所以學了沒什麼成果，換一個上師或者換一個方法能起到作用吧？"或者還可能會對自己失去信心，別人都修得好，我根器不夠啊，根本不是修大圓滿的料，看來沒希望了……"於是乾脆不修大圓滿了，回去念阿彌陀佛。

可是，修大圓滿不容易，修阿彌陀佛更不容易。能一輩子堅持念佛號的人很少，因為這種修法沒辦法直接看到西方極樂世界，修行上的進步覺察不到，始終念阿彌陀佛卻要等到下輩子才發生結果，因此不是絕對有福報的人根本沒法堅持念佛號。而前行不同於念佛號，前行在要求和計劃上多少還是有作用的，十萬遍四皈依做完了，自己心裡多少會有成就感；發菩薩心十萬遍，金剛薩埵十萬遍，雖然成績不好，但是一年級可以升級到二年級，二年級可以升到三年級，這個上升的過程會起作用，它會引導我們前進。可始終停留在念佛號的狀態裡，什麼也看不到，就會很難堅持。

比較顯宗阿彌陀佛的修法和密法的修法就會知道，理論上的理解和具體去做是很不一樣的。阿彌陀佛修法要求一心不亂地念佛號，念七天可以往生到西方極樂世界；修四皈依要觀想皈依境。十分鐘一心不亂地念佛號和十分鐘一心不亂地觀想皈依境，哪個簡單呢？沒有經歷的人會認為念佛號要求低，沒有太多技術含量、很簡單。真正來說，這才最需要高度的技術含量。讓心自由、不做任何事情時，心是跑得很快、很散亂的，一分鐘、半秒鐘都沒法控制。不是很有基礎的人，在十分鐘裡不做其他事情，讓心自由地放在一個地方，一心不亂根本沒法做到。相反，觀想皈依境很複雜，正因為太複雜，因此要集中注意力才多少做得到一點，這時內心就有可能在十分鐘內停留於皈依境的觀想裡。

有些居士認為藏文的誦本很繞口、很難念，常常問可以直接念中文嗎？可很繞口、很彆扭是有作用的，因為難念要投入精力，在很專注的情況下才念得了。西藏人學習念咒語也一樣，很多漢語的儀軌都有很繞口、很難念的咒語，要練習就要集中注意力，複雜和難會起到一個作用——這段時間裡你沒有機會去胡思亂想。念順口到一定程度時就沒這樣的作用了，比如大家都能背誦《大自在祈禱文》，一邊可以高聲地唱《大自在祈禱文》，一邊心裡願意想什麼就想什麼，互不干涉。

如同中醫的個案差別，人跟人不完全一樣，最終哪個方法最有用自己最清楚。大圓滿修行的次第可以作為主要課程，但是如果以前沒接觸過其他的顯宗或密宗而直接按課本學可能學不好，這時先把《大圓滿前行引導文》當課本，不清楚的或沒講到的再去閱讀其他經典，像查字典一樣再來補充，按照這個方式學雖然慢，但有可能學好。

以上是主流的大圓滿修行次第。

理性理解“視師如佛”

　　傳統的大圓滿次第不怎麼要求修空性法門和修寂止方法，但是現代人干擾很多、心很亂，加之在修密法上較之過去的人，被稱為“懷疑論者”的現代人因民主或學了很多西方文化，對別人、對修法的懷疑超過了過去的人。剛接觸修法時，可能還不能明顯地感覺到自己嚴重的懷疑心，可在事情、修法、上師方面，都有這樣的情況：越重視的我們越懷疑，最不重視的、跟我們關係不大的反而不怎麼懷疑。密法裡講“視師如佛”，要把上師看待為等同佛一樣。我們該不該懷疑這個說法呢？站在人的角度，這是很危險的說法，把一個人看待為等同於佛，那反過來他利用了你該怎麼辦？一個人沒關係，一個群體、一個社會若把一個人當做佛，那這個人反過來利用這個群體、這個社會就很嚴重了。所以站在人類社會的角度來說，傳播“視師如佛”的文化是很危險的，顯宗的法師批判這是個人崇拜。我們還在修前行，修顯宗基礎時沒有必要、也根本沒法做到“視師如佛”。什麼時候才能做到“視師如佛”呢？當自己的內在到了一定程度時，越高的人會發現更高的人，修行到了一定階段的人才會發現別人的修行比自己更好。所以在基礎上要狠下功夫，有所證悟之後自己就有能力判斷了。開始時，特別是在經驗上還不具有這方面的專業知識時，如果放棄了具體和經驗引導，光在理論上、字面上下功夫，很難找到正確的道路。雖說旁觀者清，可內在的東西是旁觀者觀不到的，自己有經驗了就會明白，所以穩步上進很重要，也很有必要。

2014年於廣州

抉擇正道

後記

　　本書是我 2003 年到 2014 年間，在國內外的一些講座的彙集。這些講座的聽者都是沒有正式學佛而又想瞭解佛法的人。幾年間，陸續有很多人反饋，希望能把這些講座轉化成文字，結集成冊公開出版，利益更多想親近佛法的人。

　　聽從大家的建議，經過大家的努力，本書得以公開出版，能和更多人見面了。

　　本書基本保持了講座原貌，現在如實呈現出來，希望通過此書讓大家能受些啟發。

"今生今世不過是生命輪迴中的一剎那，苦樂如同三更的夢境——稍縱即逝"，願所有希望得到佛法恩澤的人們，能跟隨佛陀的腳步，走上修持正法的道路，並由此改變今生今世乃至生生世世的命運，獲得究竟、圓滿的快樂！

於四川阿壩州金川騰龍寺

2014 年 11 月 2 日